Tu peor Momento,
TU MEJOR MOMENTO

· PASTOR GEOVANNY RAMÍREZ ·

Publicado por
PASTOR GEOVANNY RAMÍREZ

Derechos Reservados
© 2019 PASTOR GEOVANNY RAMÍREZ

Primera Edición 2019

Por PASTOR GEOVANNY RAMÍREZ

Título publicado originalmente en español:
TU PEOR MOMENTO, TU MEJOR MOMENTO

Ninguna parte de esta publicación podrá ser reproducida, procesada en algún sistema que la pueda reproducir, o transmitida en alguna forma o por algún medio electrónico, mecánico, fotocopia, cinta magnetofónica u otro excepto para breves citas en reseñas, sin el permiso previo de los editores.

Citas Bíblicas tomadas de la Santa Biblia, Versión Reina-Valera de 1960. © Sociedades Bíblicas Unidas.

Clasificación: Religioso

ISBN : 978-1-7923-1069-0

Para pedidos o Invitaciones, comuníquese con:

PASTORES GEOVANNY Y SONDY RAMÍREZ

Centro Mundial De Liberación y Avivamiento
6 Portland St, Providence, RI 02907
Teléfono: (401) 273-0908
Webpage: www.liberacionari.org
Email: LiberacionyAvivamiento@gmail.com
Facebook: Pastores Geovanny Y Sondy Ramírez
Instagram: Pastor GEOVANNY RAMÍREZ OFICIAL
YouTube: Pastores Geovanny y Sondy Ramírez

Producido en USA por:
www.holyspiritpub.net
Tel. (214) 881-1367

Índice

Agradecimiento 5
Dedicatoria 7
Prólogo 9
Introducción 11

Capítulo 1
LA MAYOR PRUEBA DE FE 13

Capítulo 2
TU PEOR MOMENTO, TU MEJOR MOMENTO 39

Capítulo 3
TU PROPIO ENCUENTRO 59

Capítulo 4
LA PAZ DE DIOS SOBREPASA
TODO ENTENDIMIENTO   83

Biografía   113

Agradecimiento

Quiero dar gracias a Dios Padre, Hijo y Espíritu Santo por estar en mi vida. Al Padre, por haberme escogido desde el vientre de mi madre. Al Hijo, por ser mi salvador, por su amor y sacrificio en la cruz del Calvario y por amarme a mí primero. A mi mejor amigo, el Espíritu Santo de Dios, quien es mi guía en todo lo que hago.

A mi esposa Sondy, por ser mi amiga, compañera de milicia, consejera y columna fuerte en mi ministerio.

A mi congregación, Centro Mundial de Liberación y Avivamiento, por creer en mi llamado y acogerme como su Padre Espiritual.

Gracias a nuestro liderazgo, porque sin su ayuda y dedicación no podríamos cubrir todas las necesidades y por ser un soporte importante al ministerio.

Dedicatoria

Dedico este libro a las personas que han tenido que pasar por situaciones en sus vidas que los han empujado a pensar que su problema no tiene solución, que no podrán cambiar para bien, que de ese error no se podrán levantar.

A ti dedico este libro para decirte que esos errores y malos momentos, Dios tiene el poder para convertirlos en buenos momentos, porque cada error que cometemos, Dios en su misericordia los aprovecha para enseñarnos una gran lección con el fin de formarnos para hacernos instrumentos valiosos en sus manos. Dios tomará esas malas experiencias y errores y los convertirá en poderosos testimonios para fortalecer y ministrar a otros a reconocer que el Dios de lo imposible es quien está con nosotros.

1 Samuel 2:8 Reina-Valera 1960 (RVR1960)

El levanta del polvo al pobre, y del muladar exalta al menesteroso, para hacerle sentarse con príncipes y heredar un sitio de honor.

Prólogo

Qué alegría es para mí presentarte este libro que escribió mi hijo espiritual, el Pastor Geovanny Ramírez.

Yo soy testigo de lo que en este libro el Pastor Geovanny te está transmitiendo: en el peor momento de nuestras vidas, yo pude dar a luz el ministerio de Geovanny y Sondy, y Dios lo transformó en el mejor momento tanto de mi vida como de sus vidas.

Recuerdo el día en el que ellos llegaron a hablar conmigo diciéndome que querían volverse a su país por los momentos que estaban viviendo. Fue ahí cuando el Espíritu Santo me dio una palabra para ellos, que no se movieran, que Él tenía planes para ellos, que en ese momento abrieran una iglesia que Dios iba a estar con ellos y que los iba a levantar de una forma poderosa. Y así fue: el peor momento, Dios lo transformó en el mejor momento, llevando su ministerio a las naciones, respaldándolos con señales y liberaciones.

Por eso, te animo a que no tan solo leas completamente este libro, sino que lo recomiendes con otros para que también sea bendición para sus vidas.

Dios siga bendiciendo a los Pastores Geovanny y Sondy Ramírez, de quienes me enorgullezco que sean mis hijos espirituales.

Apóstol Ricardo Dirocco

Introducción

Al pasar de los años y mi experiencia de vida, Dios me ha hecho entender que la vida es bella, hermosa, agradable, apreciable, lo cual es bueno porque es un regalo dado por el Padre; pero también son parte de la vida los desafíos, obstáculos, oposiciones, y lo que muchos quieren eliminar: que como seres humanos esos momentos desesperantes en un punto de nuestras vidas llegarán, estarán ahí, que no todo es color de rosa. No puedo descartar que haya momentos malos que llegan por nuestras malas decisiones, por nuestros propios errores. En este mismo instante hay miles de personas atravesando valles de sombras, muerte, dolor, enfermedad, divorcio, bancarrota, abandono y más; entonces, en medio de esos malos momentos surgen tantas preguntas como: ¿Dónde está Dios? ¿Me levantaré de ésta? ¿Acaso Dios está mirando mi situación? ¿Acaso Dios me dejó, me abandonó? ¿Ahora sí que terminará mi vida?

Amigo lector, te tengo repuesta, porque **Romanos 8:28** (RVR1960) dice: *"Y sabemos que a los que aman a Dios, todas las cosas les ayudan a bien, esto es, a los que conforme a su propósito son llamados".* Cada mal momento que llega a nuestra vida, Dios lo sabe, lo ve y él lo permite para darnos una enseñanza de vida, donde él mismo trabajará en nosotros una mayor revelación de quién es él en nuestras vidas. Dios trabajará en remover áreas que son obstáculos para nuestro crecimiento espiritual.

A través de este libro, entenderás cómo Dios de tus errores y tus peores momentos puede convertirlos en una Victoria, donde mirar atrás no te causará vergüenza, ni dolor, sino que la Gloria de Dios será revelada en ti.

Prepárate para una lectura placentera con el Espíritu Santo de Dios, **"Tu Peor Momento, tu Mejor Momento"**.

LA MAYOR PRUEBA DE FE

Tu peor momento, el mejor momento. Muchos hemos pasado por situaciones difíciles, días horribles. La Biblia habla que hay un día malo, pero con Cristo todo se puede; por oscura que sea la noche, tiene que amanecer y tiene que resplandecer la luz de Cristo.

Haciéndole referencia a Salmos 100:3, David escribe que nosotros no nos hicimos solos, el Dios todopoderoso nos hizo; por eso no podemos andar y vagar como ovejas descarriadas, tenemos que congregarnos, buscar una congregación donde podamos ser pastoreados. Comenzaremos este tema estudiando qué es una congregación y por qué debemos pertenecer a ella.

Congregación

Cuando decimos "congregación" nos estamos refiriendo a la hermandad local. Una congregación es un grupo de creyentes convertidos y bautizados que se han comprometido a reunirse para adorar juntos al Señor y para ayudarse mutuamente.

En la Biblia leemos muchos versículos que nos muestran la importancia de mantenernos congregados.

"diciendo: Anunciaré a mis hermanos tu nombre, En medio de la congregación te alabaré". **Hebreos 2:12**

"⁹ He anunciado justicia en grande congregación; He aquí, no refrené mis labios, Jehová, tú lo sabes. ¹⁰ No encubrí tu justicia dentro de mi corazón; He publicado tu fidelidad y tu salvación; No oculté tu misericordia y tu verdad en grande asamblea". **Salmos 40:9-10**

Cada congregación tiene un **pastor** asignado por Dios para cuidar de la grey, los dirige y les sirve de ejemplo de santidad. Tanto el pastor como los miembros de la congregación tienen funciones específicas que cumplir y compromisos entre ellos que han sido pactados. Los pastores son servidores de su congregación y enfrentan fuertes exigencias que mantienen viva la Palabra de Dios. Por su parte, cada **hermano** miembro tiene compromisos con su pastor y con sus hermanos de congregación; a la vez que debe cumplir y mantener una vida de santidad.

Entre las funciones y compromisos del pastor podemos señalar:

Predicar la Palabra: este puede considerarse la más importante de las funciones del Pastor, porque a través de su prédica, el pastor mantiene viva la congregación, les enseña la Palabra y los conduce.

"Que prediques la palabra; que instes a tiempo y fuera de tiempo; redarguye, reprende, exhorta con toda paciencia y doctrina". **2 Timoteo 4:2**

Servir a la Congregación: los pastores no deben nunca olvidar que son siervos de la congregación y que deben seguir el ejemplo de Cristo, que a pesar de ser el Señor de todos se hizo su siervo. No deben asumir su liderazgo para ver a sus hermanos como inferiores, porque esto le haría perder su influencia sobre su grey.

> *No podemos andar y vagar como ovejas descarriadas, tenemos que congregarnos, buscar una congregación donde podamos ser pastoreados.*

"25 Entonces Jesús, llamándolos, dijo: Sabéis que los gobernantes de las naciones se enseñorean de ellas, y los que son grandes ejercen sobre ellas potestad. 26 Mas entre vosotros no será así, sino que el que quiera hacerse grande entre vosotros será vuestro servidor, 27 y el que quiera ser el primero entre vosotros será vuestro siervo; 28 como el Hijo del Hombre no vino para ser servido, sino para servir, y para dar su vida en rescate por muchos". **Mateo 20:25-28**

Pastorear a sus ovejas: cuando utilizamos el término "pastorear" es para representar al pastor que va delante de sus ovejas, guiándolas, orando por ellas, protegiéndolas, alimentando su fe, aconsejándolas y conduciéndolas por el camino de la santidad.

"Por tanto, mirad por vosotros, y por todo el rebaño en que el Espíritu Santo os ha puesto por obispos, para apacentar la iglesia del Señor, la cual él ganó por su propia sangre". **Hechos 20:28**

Proteger de las doctrinas dañinas: el pastor debe velar porque su congregación no sea afectada por la mundanería y las doctrinas extrañas que no van de acuerdo con la Palabra del Señor y pueden intentar confundirlos o tentarlos.

"²⁹ Porque yo sé que después de mi partida entrarán en medio de vosotros lobos rapaces, que no perdonarán al rebaño. ³⁰ Y de vosotros mismos se levantarán hombres que hablen cosas perversas para arrastrar tras sí a los discípulos". **Hechos 20:29-30**

Dar ejemplo de santidad: un buen pastor puede predicar, proteger y conducir a sus ovejas, pero si no tiene una vida de santidad que sirva de ejemplo a su congregación, su palabra no valdrá nada.

"¹ Palabra fiel: Si alguno anhela obispado, buena obra desea. ² Pero es necesario que el obispo sea irreprensible, marido de una sola mujer, sobrio, prudente, decoroso, hospedador, apto para enseñar". **1 Timoteo 3:1-2**

El éxito de las congregaciones depende mucho del **comportamiento de la congregación y el cumplimiento de sus compromisos con el pastor**, como: orar por ellos, serles obedientes en sus indicaciones, estimarlos y respetarlos, ayudarlos en sus labores y seguir su ejemplo.

"Cooperando también vosotros a favor nuestro con la oración, para que por muchas personas sean dadas gracias a favor nuestro por el don concedido a nosotros por medio de muchos". **2 Corintios 1:11**

"Obedeced a vuestros pastores, y sujetaos a ellos; porque ellos velan por vuestras almas, como quienes han de dar cuenta; para que lo hagan con alegría, y no quejándose, porque esto no os es provechoso". **Hebreos 13:17**

"Los ancianos que gobiernan bien, sean tenidos por dignos de doble honor, mayormente los que trabajan en predicar y enseñar". **1 Timoteo 5:17**

Todos necesitamos ser pastoreados y guiados. Por eso tú ves que cuando los adolescentes se van de nuestras casas a una temprana edad sufren porque no hay un padre que los guíe, ni que les diga cómo tienen que hacer las cosas. En nuestra congregación muchos hemos pasado por eso, nuestros jóvenes se fueron a temprana edad de la casa, ellos quisieron hacer su vida y vivirla como ellos quisieran. Decían: *"La vida es mía, yo hago lo que yo quiera"*.

"Acuérdate de tu Creador en los días de tu juventud, antes que vengan los días malos, y lleguen los años de los cuales digas: No tengo en ellos contentamiento;" **Eclesiastés 12:1**

Todos hemos tenido en un punto de nuestras vidas tiempos difíciles y duros, pero aún seguimos de pie por un propósito y llamaré a este mensaje: *"Tu peor momento, tu mejor momento".*

Una prueba de fe

Hay un pasaje en el libro de Génesis, capítulo 22, versos 9 y 10; donde vamos a encontrar un episodio horrible de dolor, pero me gusta ver que *cuando Dios permite situaciones dolorosas en nuestras vidas es porque lo que te va a entregar va a superar lo que pasó.*

Cuando hay un peor tiempo, Dios lo sabe, y lo supera con el mejor tiempo que viene. ¿Qué estás viviendo ahora? ¿Qué crisis estás pasando? ¿Qué sucedió en tu matrimonio? ¿Qué tocó tu casa? ¿Qué tocó tus finanzas? Porque te traigo buenas noticias, las buenas nuevas. Tu final no es el peor tiempo, tu final es el mejor tiempo.

Tú eres un hombre o una mujer con llamado de Dios. Y todo el que es llamado se enfrentará con diversos procesos y desafíos; aquellos que un día te quisieron enterrar van a tener que arrodillarse delante de ti. Asi como a José, sus hermanos le echaron al pozo y luego le vendieron; pero al final, en el mejor tiempo de José, tuvieron que arrodillarse delante de él.

Muchos aquí se encontraron en Génesis, capítulo 22, versos 9 y 10, pero después viene un Génesis del 11 al

18 donde él mismo que permitió el dolor, te va a sacar. En el verso 10, Dios te pidió algo, pero del 11 al 18 Jehová se te revela con un futuro poderoso. Yo quiero profetizarte a ti, querido lector, que se te volteó algo en la casa, que vino un torbellino, que te dieron malas noticias; pero hoy te tengo las buenas nuevas, todas las malas noticias y la vergüenza, serán quitadas en el nombre de Jesús.

> *El éxito de las congregaciones depende mucho del comportamiento de la congregación y el cumplimiento de sus compromisos con el pastor.*

Cuando Dios te pide algo que te duele, y tú se lo entregas, Él te va a recompensar. Todo el mundo sabrá que Jehová está contigo. Pocos vieron tu dolor, pero muchos van a ver tu victoria, el respaldo, las multitudes, el derramamiento del Espíritu y tu bendición.

"Y dijo: Toma ahora tu hijo, tu único, Isaac, a quien amas, y vete a tierra de Moriah, y ofrécelo allí en holocausto sobre uno de los montes que yo te diré".
Génesis 22:2

Dios pidió a Abraham que le entregara lo que él más amaba y de la forma más dolorosa.

En secreto con Dios

"³ Y Abraham se levantó muy de mañana, y enalbardó su asno, y tomó consigo dos siervos suyos, y a Isaac su hijo; y cortó leña para el holocausto, y se levantó, y fue al lugar que Dios le dijo. ⁴ Al tercer día alzó Abraham sus ojos, y vio el lugar de lejos". **Génesis 22:3-4**

Fueron tres días que Abraham caminó, y estuvieron sus siervos, pero ellos no sabían por lo que él estaba pasando, porque cuando Dios le da una asignación, él mismo a solas contigo te llevará al cumplimiento.

Hay cosas que Dios te habla y tú no se la puedes contar a nadie, ni a tu mejor amigo ni a tu hermano ni a tu esposa. Si Abraham les dice a los siervos que él va a sacrificar a Isaac, ellos mismos se le ponen en el medio para que no lo haga. Son cosas que Dios te las va a hablar a ti y tú solo las vas a tener que sufrir, cosas que Dios te va a pedir, que la gente no te va a entender cuando quieras cumplirlas, te van a decir que estás loco. Por eso, es mejor que no se los digas; para que Dios pueda llevarte a donde él te va a llevar.

El dolor forma nuestro carácter

En tu dolor y en tu crisis más grande, cuando tú estés en un mar de lágrimas, tienes que prepararte, vas a tener visitaciones angelicales. Cuando la Palabra te ministra a ti, tú ministras el espíritu de los demás. Yo te profetizo que después de esta palabra, tu no serás el mismo.

Muchos a mitad de camino se apartan porque no aguantan la presión. Al Dios que tú y yo le servimos le gusta entrarnos en presión, para probarnos a nosotros mismos de qué material somos.

Dios le dio un hijo a Abraham y después se lo pidió. Dios le hizo un llamado a Abraham y le dijo que dejara a toda su parentela. Todo lo que Dios llama, lo pasa por el fuego. Un ejemplo fueron Sadrac, Mesac y Abednego; esto es para guerreros, por eso en el camino te están preparando, porque nosotros aguantamos demasiados golpes de Satanás allá afuera y por lo que pasamos nos convertimos a prueba de todo.

> *Los dolores en el reino son la prueba para formar nuestro carácter.*

Todo lo que Dios llama, lo forma. El ejemplo de los bebes que siempre están con los padres. Hay hijos que tienen veinte, treinta, cuarenta años y todavía dependen de ellos. ¡No! Tú con tus padres vas a durar un tiempo, vas a recibir su guía y protección, pero Dios quiere que te hagas un hombre y una mujer. Yo les estoy hablando a mujeres y hombres de calibre, a gente poderosa diciéndoles que llegó el tiempo de entrar a su nueva temporada en la absoluta dependencia de Dios, temporada que aunque parezca difícil, Dios les va a dar la victoria.

Al diablo no se le llora. Dios me habló; hay cosas que hay que soltarlas, todo lo que te aflige no es de Dios. Cuando tú, como oveja parte de la grey, te acercaste a nosotros, es como si llegaras a un campo de entrenamiento, en donde te vamos a formar y a poner una coraza, traje de guerrero. Muchos cuando llegaron a nosotros le corrían a cualquier cosa y se asustaban de nada, pero ahora son ellos los que hacen huir.

Para sacar la descendencia de un hombre hay que pasarlo por el fuego. Todo lo que cuesta trabajo, recursos o sufrimiento, se valora. Lo que se consigue fácil, fácil se pierde. Aquí en el reino, para recibir hay que ser procesado.

El mayor acto de obediencia

"Y cuando llegaron al lugar que Dios le había dicho, edificó allí Abraham un altar, y compuso la leña, y ató a Isaac su hijo, y lo puso en el altar sobre la leña". **Génesis 22:9**

Analicémoslo por partes.

"Cuando llegaron al lugar que Dios les había dicho". Dios mismo te llevará al lugar donde debes entregar. Él mismo te proveerá allí en el mismo lugar de tu dolor, y ahí mismo Dios te fortalecerá y te quitará el dolor.

Sabes, en medio de tu dolor se te va a aparecer una hueste angelical. *"****Lucas 22:43*** *Y se le apareció un ángel del cielo para fortalecerle."*

A todo el que obedece a Dios aunque le duela, el cielo se le va a abrir y le va a hablar. Hay una generación que Dios está llamando para cosas grandes, y todo lo que Dios te va a entregar, será probado.

Viene para ti, una buena temporada. Aquellos que te perseguían y se burlaban de ti, próximamente van a tener que llamarte porque tu nombre va a salir en las redes sociales, porque todos reconocen que Dios se te apareció y vino una visitación sobrenatural sobre ti.

> *Todo lo que Dios llama, lo pasa por el fuego. Un ejemplo fueron Sadrac, Mesac y Abednego; esto es para guerreros, por eso en el camino te están preparando.*

Nadie puede escribir lo que no vive. Cuando tú lees la historia de alguien, fue porque ese alguien la vivió. Si Dios no lleva a Abraham al Monte Moriah a sacrificar a Isaac, nadie lo hubiera podido escribir, por eso hoy lo estamos leyendo nosotros. Tú estás viviendo una temporada, tú tienes un pasado que vas a escribir, no con la mano de otro; sino con tu propia mano y multitudes van a ser ministradas a través de ello por tu testimonio.

Tu historia y tu dolor no es igual al mío, para donde Dios me lleva a mí no te va a llevar a ti, aunque tenemos el mismo Dios, los propósitos y los procesos son diferentes.

Mi proceso, no es tu proceso.

Lo que tú viviste se lo puedes contar a otro porque fuiste tú quien lo vivió y Dios te sacó de ahí. Tú no viniste a esta tierra para vivir con dolor, porque el dolor y el desierto tienen expiración. El pueblo de Israel no murió en el desierto. El desierto es temporal para formarnos.

"Edificó allí Abraham un altar, y compuso la leña y ató a Isaac su hijo, y lo puso en el altar sobre la leña".

Lo puso en el altar. Visualíza cómo estaba el corazón de Abraham. Ahora tú lloras porque no te contestan el teléfono, porque alguien te sacó del Facebook, porque te tenían en el WhatsApp y borraron tu número. Esas son pequeñas cosas; imagina que te pidan un hijo.

> **Lo que tú estás viviendo hoy es para contárselo a otro mañana y pueda ser levantado a través de tu testimonio.**

Tiempo de pruebas, tiempo de dolor

"Y extendió Abraham su mano y tomó el cuchillo para degollar a su hijo". **Génesis 22:10**

En este versículo podemos ver la máxima prueba de Abraham y su mayor acto de obediencia. ¿Qué pensaría en ese momento? ¿Dónde radicaría su fe? ¿En sacrificar a su amado hijo en un hecho repudiable, como lo es el sacrificio humano, porque Dios se lo había pedido? ¿O sería que la fe de Abraham le indicaba que siguiera adelante con la instrucción, que Dios de alguna manera no lo iba a permitir? Como sea que lo haya interpretado, fue la máxima prueba de fe que se le puede pedir a un ser humano, solo comparable con la que se le pidió a Jesús al ser crucificado.

Identifícate conmigo y con el libro de Génesis. Solamente tú vas a vivir pocos versos de prueba en tu vida, pero los versos de tu bendición van a ser más que los de tu dolor.

> *Cuando Dios te pide algo es porque él te va a dar algo mejor y porque viene tu promoción.*

Dos versos de dolor y siete de bendición

Entiende que en la opresión que viviste, Dios estaba ahí, lo vio todo y él lo sabía. Hay cosas que cuando él las permite, es porque va a sacar todo lo que tú tienes dentro.

Te dije dos versos de dolor: uno de lealtad y otro con el cuchillo; pero ahora viene un ángel. Cuando Dios permite un dolor, Él nunca lo va a dejar permanente. Esta palabra que te estoy escribiendo en este libro es para activarte y se va a quedar impregnado en tu espíritu para los próximos años. Ya entendiste la prueba que vino de Dios. Cuando algo viene de Dios, todos hablarán de tu nombre.

Cuando pasaste por el dolor, el mismo cielo tuvo que responder; porque el dolor no fuiste tú que lo buscaste, sino que llegó para probarte.

Obedece a Dios así duela

"En ese momento, el ángel del Señor lo llamó desde el cielo":

Cuando tú obedeces a Dios, vas a tener visitación del cielo. Los siervos que iban con Abraham se quedaron esperando, él no le dijo el dolor que estaba pasando, pero te tengo la noticia más grande: Cuando Abraham regresó, les reveló todo lo que pasó.

¿Cuántos de ustedes habían pensado que todo estaba perdido? Pero Dios te trajo un día a la congregación, el pastor predicó una palabra y te levantó. ¿Cuánto de ustedes pensaron que era la última noche y que no se iban a levantar? pero a media noche se abrió el cielo y los visitó. ¿A cuántos de ustedes les dieron malas noticias, y un mal diagnóstico? pero alguien oró por ti y se fue el cáncer, la diabetes, el sida y la artritis.

En tu peor momento, Dios te lleva a tu mejor momento.

Cuando Dios te dice que hagas algo, aunque te duela

tienes que hacerlo. Si Abraham no obedece, no viene el ángel. Lo grande es que cada vez que el cielo habla, no viene con las manos vacías, viene con provisión. Cuando tú obedeces a Dios y Él permite un dolor durante ese tiempo, tienes que estar preparado para los próximos niveles.

El ángel de Jehová le dio voces desde el cielo a Abraham. En pocas palabras, el ángel no estaba abajo, vino del cielo. El ángel que te provee es el mismo que está aquí dirigiéndome a escribir este libro para proveerte una palabra que viene de arriba.

> *Solamente tú vas a vivir pocos versos de prueba en tu vida, pero los versos de tu bendición van a ser más que los de dolor.*

"Entonces el ángel de Jehová le dio voces desde el cielo, y dijo: ¡Abraham!, ¡Abraham! Y él respondió: Heme aquí". **Génesis 22:11**

Dios te saca de tu peor momento al mejor momento

Esta palabra viene a decirte que del peor tiempo de tu vida, va a venir el mejor tiempo para acelerarte al próximo nivel de dimensión de gloria.

Cuando Dios permite un dolor es porque él sabe que tú no vas a negar su nombre. Lo que estés viviendo, Dios lo sabe y le queda poco tiempo a esa crisis de la cual Dios te va a sacar.

"Y dijo: No extiendas tu mano sobre el muchacho, ni le hagas nada; porque ya conozco que temes a Dios, por cuanto no me rehusaste tu hijo, tu único". **Génesis 22:12**

Dios sabía que la acción de Abraham era sincera de obediencia y fe absoluta. Él podía leer su corazón y había visto a Abraham obedecerle por muchos años, pero ahora le estaba dando la máxima prueba con acciones.

Nosotros debemos demostrar nuestra fe con acciones a los demás, porque ellos no pueden leer nuestro corazón y necesitan evidencia para que sirvamos de ejemplos de fe para ellos.

Tu gozo durará más que tu dolor

Yo no sé lo que Dios te pidió, pero si se lo entregaste, prepárate porque viene la recompensa. Tu gozo va a durar más que tu dolor y tus lágrimas.

En los versos 11 al 18, todo tu dolor fue quitado y te diste cuenta de que Dios estaba contigo.

Espero que las palabras que te estoy diciendo a través de este libro te estén sacando del dolor, del pozo en el cual tus enemigos te querían ver muerto. Revístete de gozo porque tu victoria se avecina.

Jehová proveyó el sustituto

"Entonces alzó Abraham sus ojos y miró, y he aquí a sus espaldas un carnero trabado en un zarzal por sus

cuernos; y fue Abraham y tomó el carnero, y lo ofreció en holocausto en lugar de su hijo". **Génesis 22:13**

Analicémoslo por partes:

"Entonces alzó Abraham sus ojos y miró y he aquí a su espalda un carnero trabado en un zarzal por sus cuernos"

¿Sabe por qué estaba a su espalda el carnero? Porque a Dios le encantan las sorpresas. Si se lo pone al frente no sería una sorpresa, pero cuando lo tenía de espalda Abraham se sorprendió.

Dios está a punto de sorprenderte.

Dios está a punto de decirte que mires a tu espalda, porque cuando tú tienes el dolor en el frente es porque la provisión está detrás de ti, está lo que te va a quitar el dolor. ¿Por qué? **Porque tú no vives por vista, tú vives por fe.**

Hay cosas ocultas que Dios te las va a revelar

Siete versos de bendición y dos de dolor. Génesis 22: 11-18 Esto te va a penetrar en tus poros, nervios, entrañas, corazón, mente y espíritu. Por esto, le va a dar trabajo al diablo llevarte atrás.

Dios hace cosas que no la vamos a entender. En tu dolor es que Dios se glorifica, porque si no pasas por el dolor, no te acercas a Él. El mismo Dios que te trajo al mundo sabe lo que estás pasando y él te quitará el dolor. La represalia no te podrá alcanzar. Cada vez que

Dios quita algo, es porque te va a dar algo mejor. Cuando tú estás llorando, él limpia tus lágrimas. Te vas a levantar de la cama, con gozo, tendrás deseos de vivir cada día; porque a veces se pierden cosas, pero te tengo las buenas nuevas: hay que seguir viviendo, por tu familia y propósitos. Tu dolor es una experiencia para sacar a otro de su dolor.

¿Sabes cómo nace una iglesia? La iglesia nace por un proceso de dolor. Yo cortaba cabello por veintisiete años. Tenía una peluquería con trece barberos; pero si mi esposa Sondy no cae en depresión, yo no conozco a Dios. En mi peor momento me encontré con mi mejor momento con el Señor. Ni por la mente me pasaba que yo iba hablar a multitudes, ya sea en persona, a través de libros, o en las redes sociales. Pero, si no paso por el proceso doloroso, no conozco a Dios.

"un carnero trabado en un zarzal por sus cuernos"

¿Por qué era un carnero? ¿Por qué estaba trabado? Primero, en los tiempos bíblicos, siempre que se evitaba un sacrificio, debía haber un sustituto. Abraham debía ofrecer un sustituto en sacrificio por su hijo, entonces el sustituto en este caso fue un carnero y con cuernos grandes para poder trabarse y que Abraham lo pudiera sacrificar, asi como Jesús fue el sacrificio por nosotros.

"y fue Abraham y tomó el carnero, y lo ofreció en holocausto en lugar de su hijo".

Dios evitó que la mano de Abraham sacrificara a su hijo y proveyó al sustituto. Abraham lloró, tuvo dolor, por que Dios le pidió a su hijo, pero en su peor momento, vino el mejor momento.

Las dimensiones que Dios te va a dar a ti van a ser en tu dolor. Hay quienes me dicen: "Pastor, yo pensé que esto era color de rosa". ¡No! Esto es guerra y batalla.

Jehová proveerá

"Y llamó Abraham el nombre de aquel lugar, Jehová proveerá. Por tanto se dice hoy: En el monte de Jehová será provisto". **Génesis 22:14**

Abraham llamó a este monte "Dios proveerá" porque fue allí donde Dios actuó a su favor, le proveyó el carnero.

> *Dios está a punto de decirte que mires a tu espalda, porque cuando tú tienes el dolor en el frente es porque la provisión está detrás de tu espalda, está lo que te va a quitar el dolor. ¿Por qué?* ***Porque tú no vives por vista, tú vives por fe.***

¿Y cómo se iba a dar cuenta él de que Dios proveerá si no pasa por la prueba? Si tú nunca pasas por sequía, cómo te vas a dar cuenta de que Dios es el que provee.

Tú no puedes hablar de lo que no has vivido, ni contar los testimonios de otra gente. Es bueno lo que le pasó porque cada vez que tú pasas por algo y lo superas, cuando tú lo hablas, tus palabras tienen peso, porque tuviste un encuentro con Dios.

¿Cómo Dios determinó que de Abraham podía sacar una descendencia? Porque Abraham sabía en su corazón que ese hijo era de Dios, porque lo había procreado en una edad avanzada, por eso Abraham no le rehusó su hijo. Dios dijo: "De este hombre voy a sacar una nación grande; su descendencia va a ser como las estrellas del cielo y como la arena del mar; porque este hombre no me rehuzó nada, *aunque lo llevé a su dolor más grande*". Dios ya conocía el corazón de Abraham.

Hay hermanos en la congregación que pasan por situaciones pequeñas y dejan de asistir a la iglesia. Pues, ellos se quedan en el mismo nivel, pero cuando tú estás pasando tu peor momento, tu dolor más grande y Dios ve que asistes por encima de tu mar de lágrimas, valle de sombras y de muerte, de tu esposo y de tus hijos, madre, padre y de toda oposición; entonces, Dios dice: "Ese es de los míos, esta es la persona que tengo que dimensionar y promover". Aquellos que por cualquier situación salen corriendo, Dios no las puede calificar para los próximos niveles.

Aquellos que tuvieron mar de lágrimas, que fueron rechazados, que pasaron por los momentos de dolor; profetizo sobre ustedes que la crisis que viviste, hace un mes; prepárate, pronto viene tu recompensa. El dolor y la aflicción será quitada. A mis lectores, los veo evangelizando y ganando almas para el reino.

> *Ni el gobierno, ni los demonios, ni el que te debe se va a quedar con lo tuyo. En el mismo lugar de tu angustia, de tu dolor, de tu aflicción, en ese mismo lugar Dios te va a proveer. Todos tus enemigos, los que te dieron la espalda, van a tener que celebrar contigo.*

Tu dolor, batalla y crisis es lo único que tiene expiración, porque la bendición no tiene expiración, va a permanecer hasta que te vayas con él.

El cielo le habló dos veces

"Y llamó el ángel de Jehová a Abraham por segunda vez desde el cielo". **Génesis 22:15**

El dolor que pasó Abraham, llamó la atención de Dios y el cielo le habló dos veces.

En el dolor más grande de tu vida te van a preguntar ¿cómo lo soportaste? No fue tu tía, ni tu abuela, ni tu padre; porque el dolor lo soportaste tú.

" La mujer cuando da a luz, tiene dolor, porque ha llegado su hora; pero después que ha dado a luz un niño, ya no se acuerda de la angustia, por el gozo de que haya nacido un hombre en el mundo." **Juan 16:21**

Es bueno que sientas el dolor, porque así vas a valorar lo que Dios te entrega.

*"Y dijo: Por mí mismo he jurado, dice Jehová, que por cuanto has hecho esto, y no me has rehusado tu hijo, tu único hijo". **Génesis 22:16***

Tu milagro viene en camino. ¿Dónde en la Biblia vas a encontrar que Dios juró por él mismo? En tu dolor, Dios jura por él mismo, porque sabe que tú eres genuino y no le negaste nada. Por ejemplo hay madres que trataron de abortar la criatura que tenían en el vientre y esas son las criaturas que ellas más aman. Hay mujeres que cuando salieron embarazadas, les dijeron que abortaran; y cada vez que ellas ven los ojitos de ese bebe, emana de ellos mucho amor.

Los ojos de Dios estan llenos de amor en todo lugar para nosotros.

Si no eres capacitado, no eres probado; si no pasas por dolor, y una prueba cómo sabes que Dios te libra de ellas. Hay personas que se preguntan: ¿Por qué los pastores echan fuera demonios? Porque su llamado inició echando fuera demonios. Cuando tú vas por una calle que tú no conoces, tú te pierdes; pero cuando tú conoces el camino, puedes llevar a otros por ese camino. Por eso Jesús dijo: "Yo soy el camino", porque nadie podía llegar al Padre porque nadie sabía el camino, pero él es el camino; y por él, todos llegamos al Padre.

Cada experiencia que vives es para que testifiques.

Las buenas nuevas

"De cierto te bendeciré, y multiplicaré tu descendencia como las estrellas del cielo y como la arena que está a la orilla del mar; y tu descendencia poseerá las puertas de sus enemigos". ***Génesis 22:17***

Éstas son las buenas nuevas que le ofreció Dios a Abraham, y que obtuvo como recompensa a su acto de fe.

O sea, que lo que tú pasaste es para Dios usarlo como bendición para otros. Por ejemplo: Una mujer sanada de la artritis puede testificar que Dios sana lo que los médicos no pudieron curar; pero si ella no tuviese la artritis, ¿Cómo se iba a dar cuenta de que Dios sana? Porque la enfermedad fue ella quién la vivió; nadie podrá hablarle en contra del Dios vivo que la sanó.

> *Aquellos de ustedes que tuvieron mar de lágrimas, que fueron rechazados, que pasaron por los momentos de dolor; profetizo sobre ti que la crisis que viviste hace tres semanas, hace un mes; prepárate, pronto viene tu recompensa.*

> *Abraham, lo que tu sacrificaste en el mundo espiritual, yo lo voy a usar de semilla para que sea regado.*

En tu simiente serán benditas todas las naciones de la tierra, por cuanto obedeciste a mi voz. **Génesis 22:17**

TU PEOR MOMENTO, TU MEJOR MOMENTO

La unción

Comenzaré esta escritura explicando qué es la unción y lo que significa para nuestras vidas. Una de las definiciones del término *"unción"* en la Real Academia Española es "Gracia y comunicación especial del Espíritu Santo, que excita y mueve al alma a la virtud y perfección".

La definición del verbo *"ungir"* es "untar o frotar con aceite". En tiempos antiguos se utilizaba la práctica de untar con aceite a los animales para evitar que se le adhirieran los insectos. Su efecto era tan beneficioso que se le fue dando a la unción el significado de "bendición, protección y empoderamiento".

En tiempos bíblicos, se utilizaba la práctica de la unción con una persona para significar que se le daba la bendición de Dios para un oficio o servicio religioso.

"Y él se levantó, y entró en casa; y el otro derramó el aceite sobre su cabeza, y le dijo: Así dijo Jehová Dios de Israel: Yo te he ungido por rey sobre Israel, pueblo de Jehová". **2 Reyes 9:6**

Entonces, en la Biblia, se utiliza el término **ungir** para definir el poder que Dios le dio a Jesucristo con el Espíritu Santo para predicar las Buenas Nuevas y liberar a aquellos que habían sido cautivados por el pecado. De allí, que la palabra *"Cristo"* significa "el escogido", "el enviado", *"el ungido"*.

¹⁸ El Espíritu del Señor está sobre mí, Por cuanto me ha ungido para dar buenas nuevas a los pobres; Me ha enviado a sanar a los quebrantados de corazón; A pregonar libertad a los cautivos, Y vista a los ciegos; A poner en libertad a los oprimidos; ¹⁹ A predicar el año agradable del Señor. ²¹ Y comenzó a decirles: Hoy se ha cumplido esta Escritura delante de vosotros". **Lucas 4:18-19, 21**

Pero, Cristo quiso que esta bendición no se terminara con él, y cuando fue crucificado, antes de la ascensión pidió a sus discípulos que se quedaran y esperaran la promesa del Espíritu Santo.

"⁷ Y les dijo: No os toca a vosotros saber los tiempos o las sazones, que el Padre puso en su sola potestad; ⁸ pero recibiréis poder, cuando haya venido sobre vosotros el Espíritu Santo, y me seréis testigos en Jerusalén, en toda Judea, en Samaria, y hasta lo último de la tierra". **Hechos 1:7-8**

Y la unción fue transmitida a sus discípulos y a todos nosotros dándonos el Don del Espíritu Santo.

"Y yo rogaré al Padre, y os dará otro Consolador, para que esté con vosotros para siempre". **Juan 14:16**

A partir de allí, todos los cristianos somos ungidos para un propósito en particular. Esto significa que la unción está disponible para nosotros, pero debemos recibirla del Espíritu Santo cuando nuestras condiciones personales estén dadas: cuando tengamos un acercamiento y aceptación plena de Dios, una vida de oración y comunicación profunda con Dios. Incluso, los apóstoles se quedaron en oración profunda pidiendo a Dios la unción por 10 días y 10 noches hasta el día de Pentecostés **(Hechos 2)**.

"¹ Cuando llegó el día de Pentecostés, estaban todos unánimes juntos. ² Y de repente vino del cielo un estruendo como de un viento recio que soplaba, el cual llenó toda la casa donde estaban sentados; ⁴ Y fueron todos llenos del Espíritu Santo, y comenzaron a hablar en otras lenguas, según el Espíritu les daba que hablasen". **Hechos 2**

> *En tiempos bíblicos, se utilizaba la práctica de la unción con una persona para significar que se le daba la bendición de Dios para un oficio o servicio religioso.*

Pero, la Biblia deja claro que nosotros somos un vaso de barro que puede contener un tesoro: la excelencia de ese poder es de Dios, no de nosotros.

"Pero tenemos este tesoro en vasos de barro, para que la excelencia del poder sea de Dios, y no de nosotros".
2 Corintios 4:7

Este versículo deja claro que no somos nosotros quienes sanamos, sino Dios a través de nosotros, que Dios hace a través de nuestras manos lo que nosotros no tendríamos el poder de hacer sin él.

Cuando recibimos la unción toda nuestra vida es radicalmente transformada. Permanentemente sentimos el gozo de la presencia, empieza a fluir lo sobrenatural y comienzan a suceder milagros. El deseo de Dios es que todos recibamos la unción para una vida feliz, sana, libre y plena de toda la sociedad.

Debemos estar claros que "la unción es para ministrar con ella", para que en nuestros eventos no haya un patrón, ni un programa; sino que todo sea dirigido por el Espíritu Santo. Los pastores no sanamos, nosotros tenemos una responsabilidad de ser portadores de la unción.

En Pentecostés, los discípulos no tenían mansiones ni millones, ellos lo que portaban era unción. Puede haber muchos templos y gente con carros lujosos; pero eso no es el reino. El reino es justicia de Dios cuando lo pones primero en tu vida, entonces Él te bendecirá.

Cuando el Espíritu Santo está en nosotros, vivimos en un constante mover. El cuerpo descansa, pero el espíritu no, porque el Espíritu es eterno, habita en la eternidad y es del cielo. Hay personas que se preguntan ¿Cómo esa mujer y ese hombre de Dios es usado poderosamente? Porque esa habilidad y esa sabiduría, no es por él, sino porque el Espíritu Santo está con él.

Comencemos con el contenido de este tema.

Isaac en Gerar

"*¹ Después hubo hambre en la tierra, además de la primera hambre que hubo en los días de Abraham; y se fue Isaac a Abimelec rey de los filisteos, en Gerar. ² Y se le apareció Jehová, y le dijo: No desciendas a Egipto; habita en la tierra que yo te diré. ³ Habita como forastero en esta tierra, y estaré contigo, y te bendeciré; porque a ti y a tu descendencia daré todas estas tierras, y confirmaré el juramento que hice a Abraham tu padre. ⁴ Multiplicaré tu descendencia como las estrellas del cielo, y daré a tu descendencia todas estas tierras; y todas las naciones de la tierra serán benditas en tu simiente, ⁵ por cuanto oyó Abraham mi voz, y guardó mi precepto, mis mandamientos, mis estatutos y mis leyes. ⁶ Habitó, pues, Isaac en Gerar".*

Génesis 26:1-6

Al analizar los primeros versículos de este capítulo del libro de Génesis, podemos ver varias cosas:

Se repite en la vida de Isaac el período de hambre que hubo en el tiempo de Abraham.

Jehová, previniendo que fuera a actuar de igual manera que Abraham cuando se dirigió a Egipto con Lot, se le apareció a Isaac y le dio instrucciones específicas de quedarse en esa tierra.

Jehová le confirma las tres promesas del pacto con Abraham, donde le garantiza: primero, las tierras (daré a tu descendencia todas estas tierras); segundo, la creación de la nación (multiplicaré tu descendencia como las estrellas del cielo); y tercero, la bendición (todas las naciones de la tierra serán benditas en tu simiente).

Por último, le recuerda la obediencia y lealtad de Abraham como motivación a su propia obediencia.

Isaac obedeció a Jehová y se quedó habitando en Gerar.

Una mentira por miedo

"Y los hombres de aquel lugar le preguntaron acerca de su mujer; y él respondió: Es mi hermana; porque tuvo miedo de decir: Es mi mujer; pensando que tal vez los hombres del lugar lo matarían por causa de Rebeca, pues ella era de hermoso aspecto". **Génesis 26:7**

Analicemos este versículo por partes:

"Y los hombres de aquel lugar le preguntaron acerca de su mujer;"

La mayoría de las personas cuando están en problemas o para evitarlos, dicen mentiras. Si sienten que decir la verdad lo expone a un peligro, entonces dicen una mentira que los proteja. Tu peor tiempo, tu mejor tiempo. Tú vas a entrar en un mal tiempo si dices mentiras, pero te vas a encontrar con un mejor tiempo, si te dispones a superarlo. Di esto en voz alta: "Yo estoy preparado para lo que venga. Me están enseñando que tengo que obedecer a Dios para resistir al diablo y él huirá de nosotros".

El cristiano tiene que estar pendiente de que cuando venga la opresión y los ataques, va a tener que aguantar; nos estan preparando para resistir los ataques.

"Es mi hermana" ¿Por qué dijo que era su hermana? Porque tenía miedo. Muchas personas hasta se cambian el nombre cuando tienen miedo. Aquí en Estados Unidos, cuando Inmigración está detrás de ellos, cambian de dirección. Te puedes meter debajo de la tierra y ahí te van a encontrar.

> *Cuando recibimos la unción toda nuestra vida es radicalmente transformada. Permanentemente sentimos el gozo de la presencia, empieza a fluir lo sobrenatural y comienzan a suceder milagros.*

Yo le estoy hablando a guerreras, a guerreros, a mujeres espadas y hombres de fuego. Le estoy hablando a gente que no va a tener miedo, que van a enfrentar los obstáculos. Te digo, el ayer fue difícil, fue duro; pero ayer ya pasó y hoy te voy a inyectar una palabra dentro de tu espíritu. Por muy oscura que sea la noche, la luz de Cristo va a resplandecer en tu vida.

Di para ti mismo: "Yo no dependo de lo que poseo; yo dependo de un Dios vivo, que pelea por mí, mi sanador, yo dependo de Jehová. Me están capacitando porque Dios dijo que yo iba a ser grande en el reino. Lo que Dios me prometió, me lo va a soltar a mí, no a otro. Él no es hombre para que mienta ni hijo de hombre para que se arrepienta. Si él dijo: "Isaac va a nacer de dos viejos", entonces nacerá.

> *Entiende que lo que te sucede es para ayudarte a ti y a otros, porque cada experiencia que tú vivas es para que la testifiques. Tus palabras van a tener peso porque tú sabes de dónde Dios te sacó y lo superaste. Tú no vas a contar cuentos de hadas ni la historia de otros; es tu propia historia, tu propio libro, que vas a empezar a escribirlo. Y el capítulo que empezaste a escribir, no lo vas a dejar por la mitad, otro no lo va a escribir por ti. Tú lo vas a terminar.*

Deja de estar pensando que te va a ir mal, que hay personas que te estan persiguiendo, que te vas a perder y que eres un derrotado. ¿Por qué Isaac dijo que Rebeca era su hermana? Porque él pensaba que podían matarlo. Deja de estar pensando lo que no es. No creas en las mentiras del diablo y cree en la verdad de Dios. Dios fue quien te llamó y quien creyó en ti, viene un cambio de mentalidad para tu vida junto a un nivel nuevo.

Él respondió: Es mi hermana *"porque tuvo miedo de decir: Es mi mujer; pensando que tal vez los hombres del lugar lo matarían por causa de Rebeca, pues ella era de hermoso aspecto".*

Rebeca era hermosa. No importa lo que vean en tu pareja, lo que Dios te entregó es tuyo. Cuando alguien mire a tu pareja, dale gracias a Dios por lo que Dios te entregó. El celo es una obra animal y terrenal.

"¹⁴ Pero si tenéis celos amargos y contención en vuestro corazón, no os jactéis, ni mintáis contra la verdad; ¹⁵ porque esta sabiduría no es la que desciende de lo alto, sino terrenal, animal, diabólica." **Santiago 3:14-15**

"Dichoso y bienaventurado tú que te dieron algo bueno". Cuando tú pidas algo, pídelo bueno, porque tu no mereces cualquier cosa. Nuestro padre Dios es un rey. Puede que no tengas muchas cosas materiales, pero portas unción y presencia de Dios.

Quiero detallarte: Más grande que la belleza física, es la unción, porque hay personas con apariencia hermosa que nadie quiere estar con ellos porque son aburridos y amargados. Comparados con otros que no lo son tan aparentes pero transmiten paz. Todos somos iguales delante de Dios.

Isaac dijo una mentira, pero yo te diré algo: toda mentira que tú digas, Dios la va a descubrir ¿Acaso tú no sabes que Dios está en todo lugar? Él es omnipresente, omnipotente y omnisciente; o sea, ¿A quién tú vas a engañar? Tú puedes engañar al pastor, a tu esposa o a un amigo, pero Dios no puede ser burlado, por ejemplo, cuando tu pareja te llamó al celular y tu ignoraste la llamada y más adelante te encontraste con ella y le dijiste que no viste la llamada, Dios estaba ahí y vió como mentiste.

Isaac mintió por temor a que le quitaran la vida por la hermosura de Rebeca, pero nadie podrá matar el propósito de Dios en sus vidas, porque de ellos vendrían dos naciones.

Para el ministerio que Dios te va a entregar, tienes que escoger lo que Dios te diga, no lo que tú quieras. A Rebeca nadie la podía tocar porque ella iba dar a luz a Jacob, de donde iban a salir las doce tribus.

El peor momento

"Y sucedió que después de haber estado allí largo tiempo, Abimelec, rey de los filisteos, miró por una ventana, y he aquí, vio a Isaac acariciando a Rebeca su mujer. ⁹ Entonces Abimelec llamó a Isaac, y le dijo: He aquí ciertamente ella es tu mujer. ¿Cómo, pues, dijiste: "Es mi hermana"? E Isaac le respondió: Porque me dije: "No sea que yo muera por causa de ella".
Génesis 26:8-9 *(LBLA)*

Analicemos por partes:

"Y sucedió que después de haber estado allí largo tiempo, Abimelec, rey de los filisteos, (que era rey, pero tampoco podía tocar a esa mujer); miró por una ventana,"

¿Por qué tenía que ser el rey el que mirara por la venta? ¡Porque se tenía que descubrir al mentiroso!

Y he aquí, vio a Isaac acariciando a Rebeca su mujer. Pero él dijo que era su hermana, y las hermanas no se acarician, las que se acarician son las esposas.

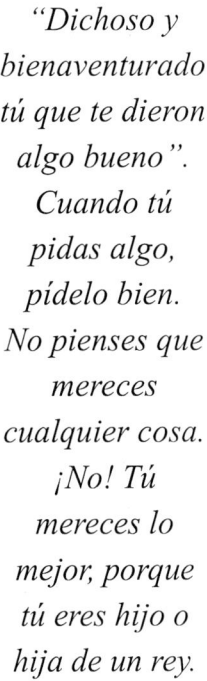

"Dichoso y bienaventurado tú que te dieron algo bueno". Cuando tú pidas algo, pídelo bien. No pienses que mereces cualquier cosa. ¡No! Tú mereces lo mejor, porque tú eres hijo o hija de un rey.

Y *Abimelec llamó a Isaac, y le dijo: He aquí ciertamente ella es tu mujer. ¿Cómo, pues, dijiste: "Es mi hermana"? E Isaac le respondió: Porque me dije: "No sea que yo muera por causa de ella".*

Te tengo una noticia de arriba, el creyente que tiene promesa y palabra que vino del cielo no va a ir a la tumba sin ver el propósito. Tuviste un momento difícil, te atacó el miedo, dijiste una mentira y eso causó que hubiera un escenario muy fuerte. Pasó el peor momento, ahora viene el mejor momento.

> *Pasó el peor momento, tuvo miedo y dijo una mentira, pero la promesa estaba donde Isaac y se le perdonó, y nunca más en la Biblia se encuentra que Isaac volvió a decir una mentira.*

No lo vuelvas a cometer

Hablaste una mentira, se te fue perdonada, no lo vuelvas a hacer. Por eso, cuando David pecó con Betsabé, nunca más vas a encontrar que volvió a pecar con otra mujer. Hay cosas que son perdonadas para que Dios cumpla la palabra que se te fue dada.

Todos cometemos errores, Isaac cometió un error, pero él no lo volvió a cometer. Toda puerta se le cierra al diablo. ¿Por qué vino esa mentira? Porque su padre Abraham también hizo lo mismo: el padre también dijo que Sara era su hermana. La maldición persigue hasta una tercera y cuarta generación. Jacob hizo lo mismo, también habló mentira y engañó a su hermano Esaú. A Jacob también le mintieron, le dijeron que una fiera devoró a su hijo José. Por eso, lo que tú siembras, cosechas. Solo a través del arrepentimiento se puede cortar la maldición.

Viene tu mejor momento

Tu peor momento y la vergüenza va a ser quitada; pero la palabra decretada por Dios, va a ser cumplida. Te está hablando el cielo, lo tuyo va por encima de cualquier situación. Lo que Dios empezó contigo, lo va a terminar.

"Estando persuadido de esto, que el que comenzó en vosotros la buena obra, la perfeccionará hasta el día de Jesucristo;" **Filipenses 1:6**

"Y Abimelec dijo: ¿Por qué nos has hecho esto? Por poco hubiera dormido alguno del pueblo con tu mujer, y hubieras traído sobre nosotros el pecado". **Génesis 26:10**

Dice el rey: "Si tocamos esa mujer, la maldición entra a nuestra casa".

"Entonces Abimelec mandó a todo el pueblo, diciendo: El que tocare a este hombre o a su mujer, de cierto morirá". **Génesis 26:11**

Cuando tú estás ungido y marcado, el diablo, el mundo y los demonios reconocen lo que tú llevas por dentro. A lo mejor ven que tú no tienes dinero, ni carro; pero los demonios saben lo que tú portas de parte de Dios.

Entiende tú, apóstol, pastor, evangelista, profeta y maestro: Lo que Dios sella, ni el diablo ni nadie lo puede tocar.

"21 Y el que nos confirma con vosotros en Cristo, y el que nos ungió, es Dios, 22 el cual también nos ha sellado, y nos ha dado las arras del Espíritu en nuestros corazones." **2 Corintios 1:21-22**

Viene el mejor momento para ti. Dios sabe lo que te sucedió allá afuera, te guardó y te llamó para servirle. Cometiste errores, dijiste mentiras, le fallaste a Dios, es verdad; pero eso no cambia que fuiste escogido por Dios. Es verdad que fumaste, te embriagaste, engañaste, pero te tengo la noticia más grande: el diablo sabía lo que Dios iba a hacer contigo y lo que pasate e hiciste fue por un tiempo, de *tu peor tiempo viene el mejor tiempo"*. El mismo José lo vivió.

Después de tu peor tiempo, viene el mejor tiempo: después de tu caída, viene tu levantamiento. Si te traicionaron, engañaron, te fueron infiel y tu mejor amiga era tu almohada, que la mojaste entera con tus lágrimas. Pues, viene un mejor tiempo para ti. El diablo y sus demonios tienen un límite.

A ti, sobreviviente (porque lo eres): te traicionaron, tuviste varias relaciones sentimentales, te violaron, fuiste madre y padre; algunos fueron rechazados desde el vientre porque la mamá o el papa, no quería que nacieras; pero dijo Dios: "Este bebé será un sobreviviente, nacerá y se fructificará". Cuando te sentías desecho, Dios te estaba esperando. Cuando tuviste el dolor más grande de tu vida, que estuviste a punto de cortarte las venas, de tirarte al borde de un precipicio, vino una mano y te agarró y oíste la voz de Dios: "Sobreviviente vas a testificar que el Dios vivo fue quien te salvó".

El lugar de tu aflicción, dolor, angustia y quebranto, allí será tu victoria y tu bendición. En tu sufrimiento, cuando ya pensabas que todo estaba perdido, ahí vino una palabra. El llamamiento y los dones son irrevocables. Lo que Dios bendijo, el diablo no lo puede maldecir. Y sembró Isaac en aquella tierra, un error, una mentira, un arrepentimiento; pero fue sanada. Dios no puede bendecir lo que está mal, él bendice lo que está bien. Lo que Dios marcó para un destino de gloria, nadie lo puede evitar.

Cuando tú estás ungido y marcado por Dios; el diablo, el mundo y sus demonios lo reconocen.

Siembra y cosecharás

"Y sembró Isaac en aquella tierra, y cosechó aquel año ciento por uno; y le bendijo Jehová". **Génesis 26:12**

Isaac se levantó de nuevo, comenzó a sembrar y donde lo hacía, cosechaba.

Prepárate, porque en el tiempo del dolor, la tierra de tu aflicción te va a ver bendecido. Nadie te va a ver caído ni derrotado. Dios te probó, y te dijo: "Ahora siembra", y los demás verán que lo que tú siembras, va a ser productivo y lo vas a cosechar al cien por uno.

Lo que un día fue vergüenza, más adelante será poderoso

"El varón se enriqueció, y fue prosperado, y se engrandeció hasta hacerse muy poderoso". **Génesis 26:13**

Lo que un día fue vergüenza, otro día será poderoso; el que un día tuvo miedo, más adelante será valiente.

Aquí podemos ver cómo Jehová cumplió las promesas a Isaac. Tuvo las tierras y prosperó en ellas.

Y te envidiarán

"Y tuvo hato de ovejas, y hato de vacas, y mucha labranza; y los filisteos le tuvieron envidia". **Génesis 26:14**

Porque, cuando tú no tenías nada, nadie te prestaba atención; pero cuando Dios te empoderó y te prosperó; ahora te tienen envidia.

Dios te va a llevar a lugares donde no había nada, lugares secos, en **"Tu peor momento, será tu mejor momento"**, pero en medio de tu aflicción, dolor y vergüenza; tú serás promovido.

Donde pises, será bendito

"Y todos los pozos que habían abierto los criados de Abraham su padre en sus días, los filisteos los habían cegado y llenado de tierra". **Génesis 26:15**

¿Dónde está la bendición? La bendición está donde los pozos están tapados; en el momento en el que tú pisas, ellos tienen que destaparse. Porque la tierra no era la que estaba bendita, el bendito eres tú, que te sacaron de la aflicción, dolor y la vergüenza; entonces ahora, el diablo, el mundo, los murmuradores, van a ver que dónde tú llegas todo es bendito a través de ti.

¡Valórate! La tierra no es la bendita, el bendito eres tú.

Tú no estás leyendo esto por casualidad, tú estás leyendo esto porque así lo quiso Dios. Así como Isaac, que pensó que le iban a tocar su mujer e iba a morir en esa tierra, tu tampoco vas a morir en la situación que estas viviendo. Isaac enriqueció y el mismo rey Abimelec le dijo: "¡Apártate de mí!". Agarra la revelación, "A aquellos que tú les tenías miedo, ahora ellos son los que te temen".

"Después Abimelec le dijo a Isaac: Vete de aquí, te has vuelto más poderoso que nosotros". **Génesis 26:16**

Abimelec le dijo a Isaac: Apártate de nosotros, porque mucho más poderoso que nosotros te has hecho.

Tu pensaste correr, volver atrás, porque tuviste miedo, porque nunca te imaginaste que eras tú quien llevaba la bendición.

Al rey que tú le tenías miedo, ahora él te dice a ti: "¡Vete de aquí! Te tengo miedo, eres demasiado poderoso".

Tu peor momento, tu mejor momento.

TU PROPIO ENCUENTRO

Bendición

El concepto con el que comenzaré este tema es el de la "Bendición", término que vemos reflejados a través de todas las Escrituras.

Utilizamos el término **bendición** para expresar varias acciones, pero en todas ellas se encuentra relacionado con un buen deseo, con felicidad, bienestar y sobre todo, con el favor de Dios sobre las personas bendecidas. Aun cuando se bendiga en nombre propio, es con la esperanza de que Dios interceda para que se cumpla el deseo.

Bendecir significa: Manifestar un buen deseo hacia una persona, grupo de ellas, cosa o evento. Por ejemplo, "Que seas muy feliz". "Salud y buenaventura para ustedes". "Éxitos en tu negocio". "Felicidad y prosperidad en su matrimonio".

Solicitar el bien o favor de Dios sobre otros. Por ejemplo, "Dios te bendiga grandemente". "Dios bendiga a tu hijo con salud y sabiduría". "Dios bendiga a mi patria con paz y prosperidad".

Demostrar aprobación: "Padre dame tu bendición para casarme".

En la Biblia aparece por primera vez en Génesis 1:22 cuando Dios bendijo a los animales del mar y a las aves:

"Y Dios los bendijo, diciendo: Fructificad y multiplicaos, y llenad las aguas en los mares, y multiplíquense las aves en la tierra". **Génesis 1:22**

Luego en el mismo capítulo, bendijo a Adán y a Eva:

"Y los bendijo Dios, y les dijo: Fructificad y multiplicaos; llenad la tierra, y sojuzgadla, y señoread en los peces del mar, en las aves de los cielos, y en todas las bestias que se mueven sobre la tierra". **Génesis 1:28**

En la Biblia no solo bendice Dios, también lo hacen otras personas, como cuando la familia de Rebeca la bendijo antes de casarse con Isaac:

"Y bendijeron a Rebeca, y le dijeron: Hermana nuestra, sé madre de millares de millares, y posean tus descendientes la puerta de sus enemigos". **Génesis 24:60**

Como podemos ver, las bendiciones no tienen que incluir la palabra "bendición" necesariamente, sino la manifestación del buen deseo.

"Te dé conforme al deseo de tu corazón, Y cumpla todo tu consejo". **Salmos 20:4**

Veamos algunos versículos bíblicos que manifiestan una bendición:

"[24] Jehová te bendiga, y te guarde; [25] Jehová haga resplandecer su rostro sobre ti, y tenga de ti misericordia; [26] Jehová alce sobre ti su rostro, y ponga en ti paz". **Números 6:24-26**

"Mas a Jehová vuestro Dios serviréis, y él bendecirá tu pan y tus aguas; y yo quitaré toda enfermedad de en medio de ti". ***Éxodo 23:25***

"Porque yo te mando hoy que ames a Jehová tu Dios, que andes en sus caminos, y guardes sus mandamientos, sus estatutos y sus decretos, para que vivas y seas multiplicado, y Jehová tu Dios te bendiga en la tierra a la cual entras para tomar posesión de ella". **Deuteronomio 30:16**

En el tema anterior, estudiamos a Isaac, su mentira y cómo los tiempos fuertes y difíciles en nuestras vidas nos llevan a los momentos de mayor gloria.

> *Utilizamos el término bendición para expresar varias acciones, pero en todas ellas se encuentra relacionado con un buen deseo, con felicidad, bienestar y sobre todo, con el favor de Dios sobre las personas bendecidas.*

Ahora, comencemos con el tema que nos ocupa.

Aquí, hablaremos de Isaac, relacionado con una mentira, pero en este caso, le mintieron a él, y nuevamente, vemos que un tiempo muy fuerte y duro en la vida nos lleva a nuestros mejores momentos.

De nuevo, una mentira

Dice la Escritura:

"Y aborreció Esaú á Jacob por la bendición con que le había bendecido, y dijo en su corazón: Llegarán los días del luto de mi padre, y yo mataré á Jacob mi hermano". **Génesis 27:41**

Aquí en este punto, quiero dejar claro que la bendición de Isaac en ese momento era una bendición especial: allí él iba a entregar el patriarcado de la familia a su primogénito. El hijo que recibiera su bendición iba a llevar la antorcha de la familia y de todos los descendientes. Por eso, Esaú sintió como una gran pérdida el no haber sido bendecido en ese momento por su padre, y esto desató en él una gran ira y deseo de venganza en contra de Jacob.

> *Date cuenta de que, cuando no tenemos nada, la gente ni nos mira, no les importamos, pero cuando Dios empieza a empoderarte, tu nombre es reconocido y las tinieblas van furiosas detrás de ti.*

Por eso, tú tienes que estar preparado, porque en tu casa se va a manifestar la gloria de Dios. Muchos de ustedes tuvieron tiempos difíciles; lo mismo pasó con Jacob en este escenario: "Aborreció Esaú a Jacob por la bendición con que su padre le había bendecido".

Por eso, todo aquel que se aparta y sale de la cobertura de Dios, no tendrá una vida bendecida, a causa de la desobediencia. ¿Por qué aborreció Esaú a Jacob? Porque Rebeca, la madre de ambos, tuvo la idea que Jacob, su hijo menor, tenía que apoderarse de la bendición que le pertenecía a Esau, pero ella quiso acelerar las cosas a su manera. Entiende que:

Cuando Dios te da un diseño, el diseño es tuyo

Rebeca, aquí causó un conflicto. Dios le había hablado cuando estaban los dos niños en el vientre, porque ella le dijo:

"Y los hijos luchaban dentro de ella; y dijo: Si es así, ¿para qué vivo yo? Y fue a consultar a Jehová;" **Génesis 25:22**

Y Dios le contestó:

"Y el mayor servirá al menor" **(Génesis 25:23)**.

Ella pensó que tenía que ayudar a que se cumpliera la profecía. No confió en que si Jehová lo había dicho, lo cumpliría. De igual manera, Jacob, confabuló con ella para obtener la bendición que su padre tenía reservada para Esaú.

La bendición debe darla el padre

Por otra parte, a pesar de que Rebeca amaba a Jacob con toda su alma, no podía darle esa bendición, porque ella no tenía la autoridad de parte de Dios, para bendecir al hijo, porque esa bendición para el primogénito solo podía ser dada por el padre. Aun cuando las madres amen a sus hijos y oren por ellos, no pueden definir el destino y la vida de sus hijos como lo hace el padre. Además, debe ser el padre el que transfiera la antorcha de la familia a su hijo.

Los escenarios de Dios son de gloria y de bendición

"Y Llegarán los días en el luto de mi padre y yo mataré a mi hermano Jacob". **Génesis 27:41**

En este escenario vamos a descubrir varios tópicos. Si iba a haber muerte en la casa, Jacob tenía que irse para otro territorio. Ésta iba a ser la estrategia de Dios para cumplir la promesa a Jacob. Por eso, cuando a ti te despiden de un empleo, no llores ni te quejes, sucedió porque Dios te tiene otro empleo mejor.

A lo mejor tú estás corriendo, estás viviendo un tiempo difícil, pero te vienen sorpresas. A veces, cuando tú sales de un lugar, es porque te vas a encontrar con tu propósito. Los escenarios de Dios son de gloria y de bendición.

Muchos de los que están en nuestra congregación, los sacaron de otro lugar y los trajeron aquí. En ese momento, ellos se sintieron mal, no se dieron cuenta de que su bendición estaba aquí.

En tu vida no abrá frustración, sólo es gozo del Espíritu Santo.

El peor momento

"Y fueron dichas a Rebeca las palabras de Esaú su hijo mayor; y ella envió y llamó a Jacob su hijo menor, y le dijo: He aquí, Esaú tu hermano se consuela acerca de ti con la idea de matarte" **Génesis 27:42**

El que sale de la cobertura de Dios, no tendrá una vida bendecida, a causa la desobediencia.

En el peor momento, cuando tú te encuentras sin salida, vagando y solo; yo vengo a decirte que vas a tener un encuentro con el Dios viviente, y una revelación del cielo. Ya todo está escrito sobre ti.

Tú y tu familia serán removidos, te mudarás de apartamento, no vivirás nunca más con tus padres para que puedas crecer. Di para ti mismo: "Ya basta de tener demasiado tiempo viviendo con la prima, con la abuela, con la tía. Ya es tiempo de vivir solo".

Para Dios bendecirte a ti, primero él removerá gente de tu lado por un tiempo, porque Dios quiere que te hagas dependiente de él. En el momento de tu aflicción, y dolor, es donde te vas a encontrar con el Dios de tu padre y será tu Dios.

Hay que pasar por una crisis, para encontrarse con el Dios vivo, ¿Acaso hay que correr para encontrarse con él? Te encontrarás en ocasiones con personas que te hará la vida difícil, separaciones momentaneas, temporadas de procesos que Dios las permite para que te encuentres con Él a solas.

"Pero he aquí que yo la atraeré y la llevaré al desierto, y hablaré a su corazón." **Oseas 2:14**

Mientras Jacob vivía con la madre, dependía de ella, por eso él cayó bajo la influencia de ella, porque estaba bajo su cobertura. Jacob no se inventó ponerse pelo de cabra en la mano, porque Esaú era velludo y Jacob era lampiño, fue idea de su madre Rebeca. Hay padres (hablando en general) que quieren a un hijo más que a los otros. ¡Eso no puede ser! Tengan en cuenta padres si hacen acepción de hijos, la Biblia dice que es pecado.

"Pero si hacéis acepción de personas, cometéis pecado, y quedáis convictos por la ley como transgresores". **Santiago 2:9**

Quizás tú o algún familiar fue rechazado por sus padres haciendo una diferencia entre sus hijos. Penosamente, ese fue el escenario de Rebeca e Issac con sus hijos, y por eso Rebeca le buscó la bendición del padre a su hijo Jacob, porque ella se identificaba con Jacob, no con Esaú, ¿Cómo va a ser que si tú tienes dos hijos le vas a decir a uno que engañe al otro?

Tenga en cuenta, padres, de no hacer diferencia entre tus hijos, lo pueden marcar con un rechazo que solo Dios le puede liberar.

Rebeca busca solución

Te tengo noticias del cielo, el que te entró en el conflicto, va a tener que sacarte. ¿Quién entró a Jacob en el problema? Su madre, ahora su madre tuvo que ingeniarse una forma para ayudarlo a salir.

"Ahora pues, hijo mío, obedece a mi voz; levántate y huye a casa de Labán mi hermano en Harán". ***Génesis 27:43***

Un escenario y un camino desierto. ¿A dónde lo envió? Lo envió donde su tío Laban, que no era una buena persona, era un engañador.

"⁴⁴ y mora con él algunos días, hasta que el enojo de tu hermano se mitigue; ⁴⁵ hasta que se aplaque la ira de tu hermano contra ti, y olvide lo que le has hecho; yo enviaré entonces, y te traeré de allá. ¿Por qué seré privada de vosotros ambos en un día? ". ***Génesis 27:44-45*** *(RVR1960)*

¿Qué es lo que producen los engaños? Ira, enojo y muerte.

Cuando Jacob deja su casa, tuvo un encuentro con su llamado, porque mientras tu estés cómodo, Dios no se te va a aparecer. Dios se le apareció a Jacob en el camino de su angustia.

Tu peor tiempo, tu peor momento, va a ser tu mejor momento, tu mejor temporada.

Un encuentro con su llamado

Hoy quiero decirte algo del cielo: aquí empieza el camino, aquí viene el encuentro. No te preocupes por el que te haga la vida difícil, y tengas que huir porque eso es una preparación para un encuentro.

> **En el camino de tu angustia y dolor, se te va a aparecer Dios.**

Jacob parte a su destino

"10 Salió, pues, Jacob de Beerseba, y fue a Harán. 11 Y llegó a un cierto lugar, y durmió allí, porque ya el sol se había puesto; y tomó de las piedras de aquel paraje y puso a su cabecera, y se acostó en aquel lugar."
Génesis 28:10-11

Ya mami no estaba para que le pusiera la cobija. Ya no estaban las comodidades de su casa. Tenía que enfrentar el camino solo y sufrir las incomodidades, Jacob se vería obligado a depender de Dios.

Deja de consentir a tus hijos, porque Dios va a sacar ministros de ellos, mujeres espadas y hombres de fuego. Él quiere gente capacitada para el ministerio.

Ya no vas a tener la almohada cómoda de tu casa, te van a poner piedras de cabecera. Cuando sales de la comodidad, vas a tener revelación del cielo. Por eso, hay gente que está demasiado cómoda y Dios tiene que permitir torbellinos para que busquen más a Dios. Cuando Dios tiene algo con alguien, aunque corra, él lo va a alcanzar.

"Dios está a punto de revelarsete para entregarte las tierras y avivamientos".

Para Dios bendecirte a ti, primero él removerá gente de tu lado por un tiempo, porque Dios quiere que te hagas dependiente de él.

Te van a entregar algo en tu dolor más grande, en tu aflicción, persecución, en tu peor momento; vas a tener pesadillas, pero dice Dios: "En esa piedra no tendrás pesadilla, sino visitaciones de ángeles que suben y bajan y una escalera al cielo y Dios sentado en su trono".

Este mensaje es para ti en el dolor, persecución, amargura y sufrimiento. Vas a ver la gloria de Dios.

"Y llegó a un cierto lugar, y durmió allí, porque ya el Sol se había puesto y tomó de la piedra de aquel paraje y la puso en su cabecera".

No habrá almohada, ni la comodidad de tu cama; pondrás una piedra como cabecera y un piso frio.

Di para ti mismo: "Ya lo entendí, en mi peor tiempo, viene mi mejor tiempo; en tu peor momento, viene tu mejor momento".

Están tus difamadores y críticos, los que te quieren dañar el testimonio; pues, prepárate para la nueva dimensión a la que Dios te va a llevar. Cuando tú piensas que te están buscando para matarte, y que todo está perdido, vas a soñar con el cielo abierto.

> *Los cielos se van abrir en tu peor momento.*

Si se burlan de ti porque coges el bus, diles que el final tuyo no es andar todos los días caminando, que lo tuyo es el diseño de Dios.

Dile a Dios en oración: *"Señor, provoca todo lo que tú quieras. Lo que venga de ti, yo lo aguanto"*.

Cuando tú crees que la situación está más difícil y Dios está lejos, es porque Él está más cerca y todo está bajo control. Cuando tú crees que Dios no te contesta tu oración, es porque Él está trabajando en silencio.

El evangelio no es palabra persuasiva, es poder de Dios. Toda persona de propósito, Dios le dará una visión.

Dios le dio un sueño

"Y soñó: y he aquí una escalera que estaba apoyada en tierra, y su extremo tocaba en el cielo; y he aquí ángeles de Dios que subían y descendían por ella."
Génesis 28:12

Ahora te voy a dar el significado del por qué la escalera estaba apoyada en tierra: si hubiese estado en el aire, no se iba a dar cuenta de que habían ángeles que subían y bajaban. Esa fue la visión. Tú sabes que Pedro dijo que los ángeles no son los que van a predicar el evangelio **(1 Pedro 1:11-13)**, que éramos tú y yo los que vamos a predicar. Dios siempre te va a dar el sueño, uno en la tierra y otro en el cielo. El sueño de José **(Génesis 37:6-7,9)**, primero, en la tierra, en el campo; y después, sueña con las estrellas, el Sol y la luna. Abraham tuvo una visión ¿Con qué? Con la tierra y la tuvo con el cielo. Todo sueño de Dios conecta la tierra con el cielo. Entonces, la cita dice:

"Y he aquí ángeles de Dios que subían y descendían por ella". Convéncete de esto: **"Hay ángeles asignados para mí"**.

Dones para interpretar sueños

¿Por qué José tenía el don para interpretar sueños? El mismo Dios que te da los sueños, te va a dar el don para interpretarlos. El sueño del faraón fue provocado por Dios para que José se lo interpretara. Daniel interpretó sueños, pero también soñaba.

> "Tú vas a interpretar sueños, porque tú tienes sueños".

Dios se aparece a Jacob en Bet-el

Se desató el mejor momento donde era su peor momento: Dolor, corriendo, sufrimiento, aflicción, frío en las noches del desierto; calor terrible en el día. Y en esa trayectoria, se le apareció Dios a Jacob.

"Y he aquí, Jehová estaba en lo alto de ella, el cual dijo: Yo soy Jehová, el Dios de Abraham tu padre, y el Dios de Isaac; la tierra en que estás acostado te la daré a ti y a tu descendencia". **Génesis 28:13**

Jacob no conocía a Dios. ¿Por qué Jacob cambió? Porque se le abrió el cielo y se le apareció el Dios de su padre.

Por eso, todo el que llega a nuestra iglesia y permanece en ella, le vamos a llevar para que tenga una comunión con el cielo, para que no solamente siga el Dios que yo le predico, sino que siga a su propio Dios, al que se le apareció a él.

"Y he aquí, Jehová estaba en lo alto de ella, el cual dijo: Yo soy Jehová".

Hay personas congregadas que no producen cambios porque no han conocido a Dios. ¿Por qué predico? Porque llevo diez años caminando y hablando con Él; porque Él se me apareció y me produjo cambios.

Algunos hermanos siguen el Dios de otros. Tú no vas a una iglesia a buscar el Dios de otros, viniste a buscar tu propio Dios. Entonces cuando busques a Dios Él se te revelará y escucharás su voz audible. Mientras tú vivas, recordarás la voz de tu Padre Dios.

> *Cuando te sacan de la comodidad, vas a tener revelación del cielo. Por eso, hay gente que está demasiado cómoda y Dios tiene que inventarse un torbellino para que se meta más con Dios.*

Si tú lo quieres experimentar, entra en una habitación toda la noche a solas y llámalo, aclámalo y búscalo. Dicen las Escrituras que *"todo aquel que pide, recibe; y el que busca, halla; y al que llama, se le abrirá"* **(Mateo 7:8)**. Él me dijo: "Viene el crecimiento espiritual más grande", la bendición de la prosperidad, no de dinero, sino en el área espiritual; porque el pueblo no necesita dinero, sino una palabra que lo active.

Si te dispones en tu corazón a buscar tu propio Dios, nunca volverás atrás. Enséñale a tus hijos a buscar su propio Dios y a tener un encuentro personal con Él. Profetizo que lo tendrán.

Tú estás buscando a Dios y lo estás encontrando y cada vez más, la amistad y la relación entre Dios y tú va creciendo. Se convierte en una dependencia total de Él, al punto que nada llama tu atención.

"He aquí Jehová estaba en lo alto de ella, el cual dijo: Yo soy el Dios de Abraham tu padre, el Dios de Isaac". Le dijo: *"Yo soy el Dios de tu abuelo, yo soy el Dios de tu padre. Ahora te me aparecí como tu propio Dios. No vas a seguir al Dios de Abraham, ni de Isaac; sino tu propio Dios, Jacob".*

Tu peor momento va a ser el mejor momento. Cuando Dios se te aparezca en la tierra donde te acostaste, y lloraste, él te va a decir: *"Esta tierra, yo te la daré".* Dios nunca puede entregarle nada a alguien que no le conozca.

Te digo a ti, querido lector: "Esta preparado para los próximos días un lugar secreto para un encuentro con el Espíritu Santo, para que ya no dependas de ninguna persona y de ningún dios desconocido, sino de tu propio Dios.

La tierra de tu dolor será la tierra de tu bendición

"la tierra en que estás acostado te la daré a ti y a toda tu descendencia".

Cuando Jacob pensó que estaba perdido, Dios se le apareció y le dio la tierra para él y su descendencia. Cuando tú pensabas que todo estaba perdido, Dios se te apareció y te envió.

Lo que un día causó dolor, se convirtió en bendición

"Será tu descendencia como el polvo de la tierra, y te extenderás al occidente, al oriente, al norte y al sur; y todas las familias de la tierra serán benditas en ti y en tu simiente." **Génesis 28:14**

Esaú, el propio hermano de Jacob lo quería matar. Jacob tuvo que salir corriendo. Pero, en este camino encontró su bendición.

¿Estás preparado para que cuando salgas corriendo, Dios se te aparezca?

Dios está contigo

"He aquí, yo estoy contigo, y te guardaré por dondequiera que fueres, y volveré a traerte a esta tierra; porque no te dejaré hasta que haya hecho lo que te he dicho". **Génesis 28:15**

"He aquí, yo estoy contigo". Cuando tú crees que todo está perdido, estás solo, te estan buscando para matarte, te han hecho la vida imposible y te dan la espalda; Dios está contigo.

Dios quita la aflicción

Cuando tú pensabas que todo estaba perdido, Dios te dice: "Yo te guardaré por donde quiera que fueres; y volveré a traerte a esta tierra"; y cuando regreses a la tierra de tu dolor y aflicción, vas a regresar bendecido; "porque no te dejaré hasta que haya hecho lo que te he dicho".

Cuando tú estes preocupado, y te sientes fracasado, es cuando Dios te va a levantar más. Cuando tu piensas que más solo estás, es que viene una visitación sobrenatural.

Y despertó de su sueño

"Y despertó Jacob de su sueño, y dijo: Ciertamente Jehová está en este lugar, y yo no lo sabía". **Génesis 28:16**

Jacob estaba atormentado, pero en medio de ese tormento se le apareció Dios, y le dijo: "Tu no estas solo, yo te defiendo".

"Y tuvo miedo, y dijo: !!Cuán terrible es este lugar!! No es otra cosa que casa de Dios, y puerta del cielo." **Génesis 28:17**

"Y tuvo miedo, y dijo: !!Cuán terrible es este lugar!! Pero usó la palabra "Terrible" para decir que era algo grande.

Jacob pensaba que en su camino de dolor y aflición estaba solo, pero se le reveló Dios con sus ángeles.

"No es otra cosa que casa de Dios, y puerta del cielo". El pueblo de Dios va a tener que cambiar. Cuando Dios entra a nuestras casas; te lo aseguro, nunca más verás la derrota, miseria, enfermedad, ni diablo; sólo ángeles que se van a pasear en tu casa.

Reflexión

Del estudio de estos capítulos del Génesis (27 y 28), podemos deducir varias conclusiones:

Primero, sean cuales sean nuestros deseos, debemos acatar los designios de Dios, porque de una manera o de otra, estos se van a cumplir. Era en vano que Isaac tratara de dar su bendición a Esaú, su hijo predilecto, porque ya Jehová había profetizado desde su nacimiento que sería de Jacob.

Segundo, aun cuando vemos, que los sucesos se desvían de los designios de Dios, debemos saber que retomarán su cauce. Rebeca no tenía que dudar de que se cumpliría la promesa de Jehová y crear el conflicto entre hermanos que llevó a la separación de la familia y a consecuencias nefastas para todos.

> *Todo el que llega a nuestra iglesia y permanece en ella, le vamos a llevar para que tenga una comunión con el cielo, para que no solamente siga el Dios que yo le predico, sino que siga a su propio Dios, al que se le apareció a él.*

Tercero, los fines no justifican los medios. A pesar de que la intensión de Rebeca y de Jacob eran ajustados a los planes de Dios, jamás se justificaría que utilizaran artimañas y engaños para lograrlos. Ambos pagaron caras las consecuencias: Rebeca no volvió a ver a Jacob, su hijo amado, quien partió de su lado y regresó veinte años después, cuando ya ella había fallecido. Jacob vivió años duros, víctima de los malos tratos y viviendo en carne propia las consecuencias de los engaños de su tío Labán.

Que estas conclusiones sirvan de reflexión para nosotros y no cometamos los mismos errores que los personajes de estos capítulos.

Mensaje

Yo oro como oraba Pablo. Lo que pedimos para este pueblo es crecimiento espiritual y que puedan escuchar la voz del Espíritu. Jesús dijo, *"Mis ovejas oyen mi voz; yo las conozco a ellas, y ellas me siguen"* **(Juan 10:27-28)**.

¡Valórate! Porque tú serás útil en el Reino. ¿Quieres conocer a Dios? ¿Quieres hablar con él? Llámalo, dale una habitación. Tú vas a decir "¡Wow! ¡Pero esto si es bacano[1]! ¡De verdad Dios habla! Y ¡Está conmigo! Pero, ¿Quién soy yo?". Eres un simple mortal pecador, pero todo el que lo busca, lo encuentra. Tu peor momento, tu mejor momento. *"Y tuvo miedo"* ¿Por qué Jacob tuvo miedo? Porque se le reveló el Dios que nunca había conocido.

Padre, yo oro, bendice la casa y cada persona que lee este libro en este día. Ábrele el mundo espiritual, dale sueño, visiones; y que en su dolor, tú te le aparezcas. En el nombre de Jesús. Amén.

---

[1] ***Bacano:*** Un hecho, objeto, sujeto o situación, sobresaliente o agradable.

¿Cuál es el mensaje?

Que como yo tuve un encuentro, tú tengas uno propio. Después del encuentro, aunque lleguen momentos difíciles, recuerda que Él estará contigo todos los días. hasta el fin del mundo.

"enseñándoles que guarden todas las cosas que os he mandado; y he aquí yo estoy con vosotros todos los días, hasta el fin del mundo. Amén." **Mateo 28:20**

Alguien me preguntó una vez: ¿Cuál es el milagro más grande que usted ha visto? Yo le dije: "Mi esposa Sondy, porque me la devolvieron de la muerte a la vida: tres intentos de suicidios, seis pastillas diarias; ni el dinero ni nadie la pudo ayudar. Él me la devolvió.

Buscando ayuda para ella, mi peor momento fue mi mejor momento, porque Jesús se me reveló. Ya no sigo al Dios de nadie, sigo al Dios que se me apareció".

Capítulo

4

LA PAZ DE DIOS SOBREPASA TODO ENTENDIMIENTO

Avivamiento

Quiero comenzar este capítulo aclarando el concepto de avivamiento para nuestros nuevos lectores.

Un avivamiento es un proceso de despertar o conversión espiritual de un grupo de personas en un lugar determinado, en un momento preciso, producto de un mover sobrenatural por el Espíritu Santo.

Cuando sucede un avivamiento, las personas se sienten inexplicablemente sacudidas, movidas, atraídas a seguir a Cristo, a dejar sus vidas pasadas y entregar sus vidas a Cristo. Por supuesto, esto afecta positivamente sus vidas y a la sociedad o comunidad donde se desenvuelven.

Este avivamiento hay que mantenerlo en el tiempo para que cada vez haya más personas atraídas a convertirse a Cristo y la comunidad toda sienta el cambio.

Pues bien, aclarado el punto, comencemos a hablar sobre el tema que nos ocupa: la paz que Dios nos da y que vivamos regocijados en él, que vivamos para agradar a Dios y no a los hombres.

Agradar a Dios y no a los hombres

Saúl quiso hacer lo que decía la gente, y Dios se apartó; por eso Pedro escribió: *"Respondiendo Pedro y los apóstoles, dijeron: Es necesario obedecer a Dios antes que a los hombres."* **Hechos 5:29,** y Pablo escribió: *"¿Qué busco con esto: ganarme la aprobación humana o la de Dios? ¿Piensan que procuro agradar a los demás? Si yo buscara agradar a otros, no sería siervo de Cristo"* **(Gálatas 1:10)**.

Hay una fe, pero hay una realidad. La mayoría de los creyentes dicen: *"Yo puedo hacer esto porque yo le creo a Dios"*. Es verdad, le creemos a Dios, pero Dios nunca te va a decir que hagas algo para que estés atribulado, todo lo que es direccionado por Dios trae paz y descanso. Si nos encontramos atribulados es porque no vino de Dios.

Regocijaos en el Señor siempre.

En este tema, vamos a estudiar unos versos tremendos, donde Pablo le habla a los filipenses acerca de un hecho en el que había dos mujeres que estaban dividiendo la iglesia y él les estaba dando una exhortación.

"¹ Así que, hermanos míos amados y deseados, gozo y corona mía, estad así firmes en el Señor, amados. ² Ruego a Evodia y a Síntique, que sean de un mismo sentir en el Señor. ³ Asimismo te ruego también a ti, compañero fiel, que ayudes a éstas que combatieron juntamente conmigo en el evangelio, con Clemente también y los demás colaboradores míos, cuyos nombres están en el libro de la vida. ⁴ Regocijaos en el Señor siempre. Otra vez digo: ¡Regocijaos! ⁵ Que su amabilidad sea evidente a todos. El Señor está cerca. ⁶ Por nada estéis afanosos, sino sean conocidas vuestras peticiones delante de Dios en toda oración y ruego,

con acción de gracias. **⁷** Y la paz de Dios, que sobrepasa todo entendimiento, guardará vuestros corazones y vuestros pensamientos en Cristo Jesús." **Filipenses 4:1-7**

Analicemos el texto verso por verso.

"**¹** *Hermanos míos amados y deseados, gozo y corona mía*". Pablo empieza exhortando a la iglesia y le está hablando en oración. Quiero que entiendas que cada verso de las Escrituras se escribió porque en esa época había algo que estaba sucediendo y había la necesidad de comunicarse con el pueblo al respecto de ese suceso. En esos momentos, por supuesto, no había Facebook, ni Twitter, ni WhatsApp, ni correo electrónico ni ningún otro medio de comunicación masivo, como la radio, la televisión, etc.

> *Un avivamiento es un proceso de despertar o conversión espiritual de un grupo de personas en un lugar determinado, en un momento preciso, producto de un mover sobrenatural por el Espíritu Santo.*

La única manera de comunicarse a distancia era a través de epístolas, que conocemos hoy en día como cartas. Entonces, la iglesia, al igual que el poder político, era guiada por cartas. Ahora tenemos las plataformas de Facebook, YouTube y otras, que nos permite llegar directamente hasta los hogares y a los celulares con mensajes que van a ser de edificación para ti, tu familia y la comunidad toda.

Continúa diciendo: *"Estad así firmes en el Señor, amados. ² Ruego a Evodia y a Síntique que sean de un mismo sentir en el Señor"*. Éstas son dos mujeres que estaban aquí causando división en el ministerio, en la congregación. ¿Cómo lo sabemos? Porque si Pablo dice: *"Que sean de un mismo sentir"*, quiere decir que ellas no estaba de acuerdo, que no tenían el mismo sentir.

El próximo verso dice: *"³ Asimismo te ruego a ti"*. Pablo, lo que siempre escribía era de crecimiento y de exhortación. Nunca vamos a encontrar a Pablo hablando de que Dios te iba a prosperar. Todas las cartas de Pablo eran de exhortación y edificación del cuerpo de Cristo. ¿Por qué nuestra congregación² está creciendo cada día más? Porque los mensajes que están viniendo son mensajes de exhortación, crecimiento y de madurez espiritual para que los miembros cada día seamos mejores personas, padres, esposos, hijos y empleados.

"Asimismo te ruego también a ti, compañero fiel, que ayudes a éstas que combatieron juntamente conmigo en el evangelio, con Clemente también y los demás colaboradores míos, cuyos nombres están en el libro de la vida". ¿Por qué en el libro de la vida? Porque todo lo que tú haces no lo haces para los pastores, lo haces

---
² Centro Mundial de Liberación y Avivamiento. Providence. Rhode Island. USA.

para el Señor, tu nombre está escrito en el libro de la vida. Pablo dijo que era necesario que hubiera *disensiones entre nosotros*[3], porque se revelaría quién entre nosotros tiene madurez espiritual. Tú no puedes ser de los que adoran a Dios solamente cuando las cosas están bien, tú tienes que regocijarte también cuando las cosas están difíciles.

Por eso, Pablo les está escribiendo y continúa diciéndoles: "*⁴ Regocijaos en el Señor siempre. Otra vez digo: !Regocijaos!*". Cuando tú no tengas trabajo, cuando te corresponda recoger las sillas en la iglesia, llegues tarde y te sienten en la última banca, regocíjate.

> *Cuando te hagan la vida difícil, regocíjate siempre; porque cuando tú sabes quién te llamó, y tienes el ADN del cielo, aún en medio de una tormenta, siempre tendrás paz.*

Ejemplos: Si tu pareja te manda a dormir para el mueble o el patio, dile: *"Yo no me voy a ningún lugar, porque a mí me dieron una cama y una casa para disfrutarla contigo"*.

Un hermano me llamó un día y me dijo: *"Me voy de la casa"*, y yo le pregunté: *"¿Por qué te vas de tu casa?"*, y me respondió: *"Porque me mandaron a dormir con

---

[3] **1 Corintios 11:19.** Porque es preciso que entre vosotros haya disensiones, para que se hagan manifiestos entre vosotros los que son aprobados. (RVR1960)

el perro". Yo le dije: *"No te vas a dormir con el perro porque la cama la compraste tú"*. Tú tienes que decirle a tu esposa: *"¡El que paga la renta de la casa soy yo y trae el dinero a la casa! ¿Cómo va a ser que tú me vas a mandar a dormir con el perro? Yo me voy a regocijar contigo, no con el perro"*.

Muchas personas te dicen que la paz de Dios sobrepasa todo entendimiento, pero cuando las cosas se les ponen negras o grises, los ves encarados y enojados.

Te contaré esto: mi esposa Sondy y yo, recién convertidos a Cristo, perdimos una casa y tuvimos que mudarnos en un apartamento, y aun así no le reclamamos al Señor. Mi esposa y yo continuamos creyendo y esperando en Él. Luego, ya como Pastores, tuvimos que entregar ese apartamento porque el área no era buena y nos mudamos a un apartamento más pequeño, porque el Señor nos dio la orden de salir de ese lugar, y en ese nuevo apartamento incómodo, Sondy se me enfermaba de alergias a cada momento y perdía la voz constantemente, porque el apartamento tenía alfombra.

Entonces, resulta que cuando llovía, parecía que era en la sala de mi casa que acampaba, porque el techo estaba malo y la administración de ese lugar no se preocupaba por solucionar ese problema, y aun así, nosotros nunca le reclamamos al Señor, y esperábamos en ÉL. Sondy y yo vivimos tres años en ese apartamento, esperando la dirección del Señor para mudarnos, hasta que el Señor habló y nos permitió comprar una casa cómoda, espaciosa, con tres baños. Te diré que valió la pena esperar. Fueron días de ver a mi esposa enfermarse a cada momento, pero es mejor obedecerle a ÉL y esperar en Él. Hoy te puedo decir que, mi peor momento, Dios lo convirtió en mi mejor momento.

"⁵ Vuestra gentileza sea conocida de todos los hombres. El Señor está cerca". Repite constantemente: *"Yo quiero una vida eterna, quiero estar con mi Padre, quiero vivir para siempre en su presencia; por eso nadie me va a ver de mal humor".* Si alguien se dirige a ti enojado, dile: *"Si tú me quieres enojar ¡Búscate a otro! Si tú quieres pelear conmigo ¡Búscate a otro! Porque uno solo no pelea, para pelear se necesitan dos".*

> *Si tu amada te manda a dormir al mueble, regocíjate y dile: "Yo no me voy para el mueble porque a mí me dieron una cama para compartirla contigo".*

Por nada estéis afanosos

El próximo verso dice: *"⁶ Por nada estéis afanosos".* No te afanes por cosas sin sentido: por si no tienes ropa, calzado u objetos de moda. Algunos hermanos asumen actitudes inaceptables: Si no tienen ropa nueva, si no se arreglan las uñas, el pelo y cartera nueva, no van a la iglesia. Hoy te he traído una palabra del cielo, que te está diciendo "Por nada estéis afanoso". Tú no te puedes afanar por lo que no tienes y aprende a vivir con lo que tienes. Por ejemplo, si no tienes carro y alguien te transporta, gózate porque la bendición de tu hermano te alcanzó a ti.

Y esto va conectado con el pasaje de Mateo donde Jesús dijo: "*¿Acaso es el alimento mejor que la vida? ¿Acaso es el vestido mejor que el cuerpo?* El próximo verso nos dice:

⁶ Por nada estéis afanosos, sino sean conocidas vuestras peticiones delante de Dios en toda oración y ruego, con acción de gracias.

¿Por qué la gente se afana?

La gente se afana porque cuando desean algo no van a donde Dios en oración a presentarle la necesidad. Las personas se afanan y empiezan a pelear antes del ruego. Tú no dependes de lo que quieres, tú dependes de la oración del cielo.

¿Por qué antes de estar afanado, mejor no te vas a la oración con ruego y súplica? Porque muchos hermanos piden para su carne, pero esto solo acarrea corrupción; en cambio, el que pide para el espíritu va a tener vida eterna.

> ¿Qué petición tienes tú para hoy? ¿Qué petición tienes tú para mañana? ¿Por qué la gente quiere las cosas ahora, pero no han orado?

La iglesia primitiva oraba y después de que oraban, las cosas sucedían.

*"Así que, no os afanéis por el día de mañana, porque el día de mañana traerá su afán. Basta a cada día su propio mal". **Mateo 6:25-34***

No puedes anhelar algo si primero no oras

Si deseas algo, antes pídelo a Dios en oración con ruegos y acciones de gracia. Tú quieres un carro, una pareja, un trabajo, la salvación de tu familia, pero no le has orado a Dios por ello. Entonces te desesperaste y no permitiste que Dios fuera el que eligiera para ti. Decidiste mudarte de ciudad pero no oraste y tuviste que regresar.

Por otro lado, debemos aceptar la voluntad de Dios en nuestras vidas. No podemos entender por qué Dios nos da algunas cosas y otras no. Pensamos que las merecemos y se las pedimos en oración. Dios permite que sucesos o eventos difíciles ocurran en nuestras vidas. Para esto es necesaria la fe y la lectura de la Palabra, que nos ayuda a comprender que todo lo que Dios crea o permite para nosotros, sus hijos, los que lo amamos, nos va a resultar beneficioso siempre, como dice en **Romanos 8:28**[4], aun cuando en el momento en el que sucede no lo podamos ver así. Por esa razón, Dios nos dice en su Palabra que *andemos por fe y no por vista*. **(2 Corintios 5:7)**

"Venga tu reino. Hágase tu voluntad, como en el cielo, así también en la tierra". **Mateo 6:10**

> *¿Por qué te preocupas que tu hermano se esté superando?*

Tú te estás dejando quitar tu paz por estar pendiente de lo que está sucediendo con otros. ¡No te enfoques en la vida de otras personas, para que no pierdas tu paz y te desgastes espiritualmente.

"Apártate del mal, y haz el bien; Busca la paz, y síguela." **Salmos 34:14**

No es dinero, es paz

¿Sabe lo que este mundo necesita? No es dinero, es paz. Cuando me estaba preparando para escribir sobre este tema, el Señor me hizo recordar una barra o bar, como le dicen, que yo tenía en mi país. Yo era hasta "Bartender". ¡Preparaba tragos! Yo preparaba un trago que se llamaba *"Camaleón"* que volvía loca a la gente.

---

[4] Romanos 8:28: "Y sabemos que a los que aman a Dios, todas las cosas les ayudan a bien, esto es, a los que conforme a su propósito son llamados". (RVR1960)

Por eso, cuando el Espíritu me agarró, me dio una pela bien dada. Porque en mi nueva vida, en mi congregación, no hay *"gato entre macuto"*⁵, allí somos transparentes y genuinos. Todavía vemos algunos hermanos que se avergüenzan de donde Dios los sacó, y eso me hizo recordar esa época de mi vida. Eran las tres y cuatro de la mañana y yo no había dormido; tenía un chef, porque era un bar con comida. Tenía dinero, pero no dormía, siempre estaba muy estresado y afanado, me veía viejo, arrugado y lucía cansado. Luego, el negocio no se dio y tuvimos que cerrarlo, perdimos más de un millón y medio de pesos dominicanos en ese entonces..

> *Las personas se afanan y empiezan a pelear antes del ruego. Tú no dependes de lo que quieres, tú dependes de la oración del cielo.*

Sin embargo, muchas de las personas que me ven ahora creen que yo vine mal económicamente. ¡No! Yo vine con finanzas ¡Un empresario! Pero, cuando vine al evangelio, llegaron tiempos difíciles en el área financiera, pero nada de eso me hacía perder mi paz, siempre he dormido tranquilo y me siento gozoso.

"En paz me acuesto y me duermo, porque sólo tú, Señor, me haces vivir confiado". **Salmos 4:8**

---

⁵ **Gato entre macuto:** Expresión utilizada en República Dominicana para referirse a algo que no está claro. Cuando hay algo oculto tras una acción. (www.jergozo.com)

La paz verdadera se consigue en Cristo, quien nos la ofrece con todo su amor.

"Yo les he dicho estas cosas para que en mí hallen paz. En este mundo afrontarán aflicciones, pero ¡anímense! Yo he vencido al mundo". **Juan 16:33**

Nuestra sociedad necesita paz

Nuestra sociedad lo que más necesita es paz ¿Tú sabes lo que es tener paz verdadera? Es dejar el teléfono en cualquier parte de tu casa, sin temor a que tu pareja lo vea. Cuando yo no conocía a Jesús, me llevaba el celular para el baño, lo ponía debajo de la almohada, para que mi esposa no lo revisara y se diera cuenta de todas las diabluras que tenía en el teléfono. Ahora, ella se sabe el código, tiene los números de mi cuenta. Ya no hay nada oculto entre nosotros, y eso me da mucha paz. Hay gente que tiene dos y tres teléfonos y dejan uno en el carro, y con ese hablan con la otra.

Yo le estoy hablando a alguien que va a ser transparente. ¡Esto es vivencia en el evangelio donde se duerme y se despierta tranquilo!

"La paz les dejo; mi paz les doy. Yo no se la doy a ustedes como la da el mundo. No se angustien ni se acobarden." **Juan 14:27**

Los cristianos no debemos sentir celos

Los hijos de Dios no deben sentir celos. El celo es un sentimiento que no viene de Dios. Te roba la paz.

Tienes que saber que lo que tú tienes te lo dio Dios y también fue Dios quien le dio al otro lo que él tiene. Si quieres algo que no tienes, pídelo a Dios en oración y ruego y acepta en paz lo que él decida darte.

Si sientes celos le estás diciendo a Dios que no estás conforme con lo que él te ha dado. El celo es una obra de la carne que no puedes dejar que te domine porque tu eres un hijo de Dios.

"14 Pero si tenéis celos amargos y contención en vuestro corazón, no os jactéis, ni mintáis contra la verdad; 15 porque esta sabiduría no es la que desciende de lo alto, sino terrenal, animal, diabólica". **Santiago 3:14-15**

La paz en las parejas

Este mensaje está dirigido a todos aquellos que llevan una vida de desconfianza, a las parejas donde cada uno está revisando la cuenta bancaria del otro cuando está durmiendo. Mientras en las relaciones de parejas haya cuentas divididas no existirá la confianza, tiene que haber unidad para tener cuentas juntos, para que en todo sean uno. Mi esposa Sondy y yo tenemos la misma cuenta, todos los movimientos están allí claros y a la vista para los dos.

"25 Maridos, amad a vuestras mujeres, así como Cristo amó a la iglesia, y se entregó a sí mismo por ella, 26 para santificarla, habiéndola purificado en el lavamiento del agua por la palabra," **Efesios 5:25-26**

"9 Mejores son dos que uno; porque tienen mejor paga de su trabajo. 10 Porque si cayeren, el uno levantará a su compañero; pero ¡ay del solo! que cuando cayere, no habrá segundo que lo levante." **Eclesiastés 4:9-10**

Yo le estoy hablando a quienes quieran paz, me estoy dirigiendo a quienes tienen algo oculto, para que todo lo saquen a la luz. Le hablo aquellos que cuando tienen el cheque se lo ocultan a su pareja. Todo lo que tienes es de tu pareja y lo que tiene tu pareja es tuyo. Ustedes dos son una sola carne, no son separados. No hay nada como la paz interior. ¿Tú quieres que te vaya bien? Vive en unidad con tu pareja y no dejen que nada les robe la paz de su hogar.

"10 Porque: El que quiere amar la vida Y ver días buenos, Refrene su lengua de mal, Y sus labios no hablen engaño; 11 Apártese del mal, y haga el bien; Busque la paz, y sígala". **1 Pedro 3.10-11**

Este mensaje es para aquellos que viven agitados y atormentados. Tú no estás leyendo este libro para vivir igual que antes de leerlo. Disfruta del contenido de este libro, para edificación y aprender a mantener la paz que sobrepasa todo entendimiento. Esto es un evangelio puro y sincero; y la paz de Dios que sobrepasa todo entendimiento guardará vuestro corazón, porque nuestro corazón se daña y se contamina con la agitación, el estrés, el afán; pero al lograr la paz, entonces, tu corazón es guardado.

"Y la paz de Dios que sobrepasa todo entendimiento guardará vuestros corazones y vuestros pensamientos en Cristo Jesús".
Filipenses 4:7

Mensaje a los que pelean

Mira a esa gente que le gustan los pleitos, ellos buscan lo que sea para contender; y algunos tú los ves que llegan hasta ser líderes en las iglesias, y viven allí maltratando a los hermanos desde su posición de liderazgo. El que maltrata a las personas no vive en paz. Yo vengo a traerte un mensaje, del corazón de Jesús. Vive en paz con Jesús primero, porque aquel que maltrate al otro, está sacando todo el malestar que tiene por dentro.

> *Si sientes celos le estás diciendo a Dios que no estás conforme con lo que él te ha dado. Tú tienes que estar seguro de que no eres un carnal, de que tú eres espiritual y que no sientes celos.*

"⁷ Así que, por cierto es ya una falta en vosotros que tengáis pleitos entre vosotros mismos. ¿Por qué no sufrís más bien el agravio? ¿Por qué no sufrís más bien el ser defraudados? ⁸ Pero vosotros cometéis el agravio, y defraudáis, y esto a los hermanos.".
1 Corintios 6:7-8

Tú y yo llegamos al camino maltratados por el mundo. Tú te acercaste a la iglesia, fuiste allí a buscar una paz adentro que no tenías, y si estás incómodo en la congregación, ve donde los pastores, que hay algun líder que no te esta dando el trato correcto para que sea confrontado.

Las preocupaciones son enemigas de la paz

Tú no estás leyendo este libro para seguir preocupado y atribulado, es para ser libre y para tener paz en Cristo Jesús. Saca las preocupaciones dañinas que tocan tus emociones. Todo lo que te quite la paz, no viene de Dios porque Dios viene a traer paz a nuestras vidas.

> **Si Dios te entrega algo, ese algo vendrá con tranquilidad y paz. Aquí Dios me habló.**

²⁵ Por tanto os digo: No os afanéis por vuestra vida, qué habéis de comer o qué habéis de beber; ni por vuestro cuerpo, qué habéis de vestir. ¿No es la vida más que el alimento, y el cuerpo más que el vestido? ²⁶ Mirad las aves del cielo, que no siembran, ni siegan, ni recogen en graneros; y vuestro Padre celestial las alimenta. ¿No valéis vosotros mucho más que ellas?
Mateo 6:25

La vida más importante que el alimento

Algunos se afanan más por lo que van a comer o beber, que buscar al Señor. Solo piensan en banquete y restaurante, pero la vida es más importante que eso. La paz interior es más importante que cualquier comida, porque sin paz nada te aprovechará.

"Mejor es un bocado seco, y en paz, Que casa de contiendas llena de provisiones." **Proverbios 17:1**

"⁶ Humillaos, pues, bajo la poderosa mano de Dios, para que él os exalte cuando fuere tiempo; ⁷ echando toda vuestra ansiedad sobre él, porque él tiene cuidado de vosotros". **1 Pedro 5:6-7**

El cuerpo es más que el vestido

Tú puedes ver a matrimonios y a familias que tienen todos los recursos, pero no tienen una vida de calidad familiar, viven en pleitos y llenos de resentimientos. En este libro, estoy tratando de enseñarte a ti que la vida es más importante que el vestido, porque lo que está hablando este versículo, es la vida que sale de adentro y se manifiesta afuera. Tú puedes tener cualquier vestido, pero eso no es lo importante. Pero, si tienes una vida plena, te podrás poner cualquier vestidura y te sentirás bien.

" ²⁸ Y por el vestido, ¿por qué os afanáis? Considerad los lirios del campo, cómo crecen: no trabajan ni hilan; ²⁹ pero os digo, que ni aun Salomón con toda su gloria se vistió así como uno de ellos. **Mateo 6:28-29**

Es el cuerpo más que el vestido. Yo le dije al Espíritu Santo: *"Explícame eso"*, y me dijo: *"Porque si no hay cuerpo, no te puedes poner el vestido"*. No te preocupes por el vestido y preocúpate por el hombre espiritual. Te puedes poner la ropa más cara, pero si no trabajas tu hombre espiritual de nada te aprovechará lo que te pongas.

"³ Vuestro atavío no sea el externo de peinados ostentosos, de adornos de oro o de vestidos lujosos, ⁴ sino el interno, el del corazón, en el incorruptible ornato de un espíritu afable y apacible, que es de grande estima delante de Dios". **1 Pedro 3:3-4**

Todo lo que te quita la paz no es de Dios. Así que no debes afanarte por casa, carro, vestido y comida, porque lo importante es que vivas en paz.

Declara este año "libre de deudas"

La palabra "*Afanoso*" en el original significa "Preocupación". Dios no te llamó a ti para que vivas atormentado, Él quiere que seas libre.

Hay preocupaciones que son perjudiciales para tu salud. Dios no quiere que estés ahogado, Dios quiere que duermas y te despiertes en paz.

"En paz me acostaré, y asimismo dormiré; Porque solo tú, Jehová, me haces vivir confiado." **Salmos 4:8**

"²⁸ Porque ¿quién de vosotros, queriendo edificar una torre, no se sienta primero y calcula los gastos, a

ver si tiene lo que necesita para acabarla?". **Lucas 14:28**

Si tu presupuesto te alcanza para ir a un buen restaurante, comprar un carro del año o ropa de marca, pero nunca te excedas de lo que puedas hacer por complacer a otros, porque Dios te quiere libre de dudas; mi amado maestro Jesús lo dijo: *"³⁴ Así que, no os afanéis por el día de mañana, porque el día de mañana traerá su afán. Basta a cada día su propio mal."* **(Mateo 6:34)** Así, que todo lo que te quita la paz no viene de Dios, porque la paz de Dios sobrepasa todo entendimiento.

> *Tú tienes que estar pendiente de los alimentos, pero si no tienes vida, no hay alimentos. Estás pendiente del banquete que te vas a comer, pero si no hay vida ¿Qué banquete te vas a poder comer? ¿No es la vida más importante que el alimento?*

"No temas, porque yo estoy contigo; no desmayes, porque yo soy tu Dios que te esfuerzo; siempre te ayudaré, siempre te sustentaré con la diestra de mi justicia". **Isaías 41:10.**

¡Shalom Alejem!

La paz de Dios para los judíos tenía un significado: Que les quitaba toda preocupación y entraban en la paz de Dios.

La palabra *"Shalom"*[6] significa paz, bienestar y es una forma de saludo o despedida entre los Judíos. Shalom tiene origen en el idioma hebreo, שלום, y transmite un deseo de salud, armonía, paz interior, calma y tranquilidad para aquel o aquellos a quien está dirigido el saludo.

> *La paz es ausencia de preocupación. Tú no necesitas pastillas, ni antídotos para tener paz.*

La paz de Dios guarda tu corazón

Cuando el empleo te quiere quitar el tiempo de congregarte, háblale al empleo, porque todo lo que te quita el tiempo de Dios, también te quitará la paz. Pablo dice que la paz de Dios se puede experimentar en medio de los problemas. Yo no sé el problema que tú puedes tener, si es grande o pequeño. Te traigo noticias del cielo, el problema tuyo no es más grande que Dios. Él viene a traer paz en medio de la tormenta y luz en medio de la oscuridad. La paz de Dios guarda tu corazón, pero cuando estás preocupado y turbado, tu corazón y tus emociones son afectadas. Cuando estás preocupado, te ataca el insomnio, te puede dar un es-

---

[6] Las letras hebreas que componen la palabra **Shalom** son, leídas de derecha a izquierda: **Shin:** letra número 21 del alfabeto hebreo que significa año, repetición y enseñanza. **Lamed:** letra número 12 del alfabeto hebreo que significa aprender y enseñar. **Vav:** letra número 6 del alfabeto hebreo que significa 'gancho' y es usado como conector. **Mem:** letra número 13 del alfabeto hebreo cuyo significado está asociado con la madre.

trés fulminante, puedes morir de un infarto; como hay personas millonarias que han muerto a causa del estrés fulminante, porque tienen el dinero, pero carecen de la paz de Dios que tú y yo tenemos.

Aprende cuando vayas a tener una relación sentimental, y ves que hay algo turbio, una tercera persona, Dios no está ahí; porque lo que Dios te va a dar a ti no es para que lo compartas.

"Honroso sea en todos el matrimonio, y el lecho sin mancilla; pero a los fornicarios y a los adúlteros los juzgará Dios". **Hebreos 13:4**

No tenga tu corazón envidia

Tú estás leyendo esto para sanarte. No te desesperes por lo que no tienes. Repite con frecuencia: "Lo mío viene en camino envuelto en papel de regalo". Cuando te ataque la envidia y quiera quitarte la paz, ve al trono de la gracia y ora. La envidia es un sentimiento de rabia, tristeza o dolor por los bienes, prosperidad, privilegios o cualquier cosa que otra persona tenga y que se desea para sí. La envidia no solo envuelve el deseo de querer tener lo que tiene el otro, sino que implica querer arrebatárselo.

"Cruel es la ira, e impetuoso el furor; Mas ¿quién podrá sostenerse delante de la envidia?" **Proverbios 27:4**

Cuando la envidia crece en nuestros corazones, trae consecuencias devastadoras para nuestra salud, bienestar, vida familiar y social. La envidia llena el corazón de tristeza, amargura y rencor, cambia nuestra actitud y no nos deja pensar claramente.

"No tenga tu corazón envidia de los pecadores, Antes persevera en el temor de Jehová todo el tiempo". **Proverbios 23:17**

Podemos sentirnos tentados por la envidia, pero debemos inmediatamente luchar por vencerla. ¿Cómo? Reconociéndola con humildad, orando con fuerza y recordando que Cristo vive en nosotros y con él tendremos siempre lo que nos corresponde. Así podemos cambiar nuestra envidia por alegría.

"No os ha sobrevenido ninguna tentación que no sea humana; pero fiel es Dios, que no os dejará ser tentados más de lo que podéis resistir, sino que dará también juntamente con la tentación la salida, para que podáis soportar". **1 Corintios 10:13**

La paz de Dios se construye

¿Cómo se construye? En oración divina, buscando el cielo. No te preocupes ni te afanes, mira las aves del cielo que no siembran. Por ejemplo, en mi casa cuando abrimos la puerta, hay un pajarito; que no compró la casa, pero todas las noches está ahí para cubrirse y para dormir. ¿Quién hizo las aves? Las hizo Dios.

En Providence, Rhode Island, en el invierno los patos del Parque Roger Williams[7] no los vemos, porque en el invierno ellos van a otro lugar que es caliente. Cuando viene el verano, son traídos de regreso y los residentes le dan de comer.

"Mirad las aves del cielo, que no siembran, ni siegan, ni recogen en graneros; y vuestro Padre celestial las alimenta. ¿No valéis vosotros mucho más que ellas?" **Mateo 6:26**

> *Cuando el empleo te quiere quitar la iglesia y no te da la paz, háblale a ese empleo, porque donde tú conseguiste la paz, ahí es donde tienes que estar.*

Dios proveerá

En cada desierto permitido por Dios, Él no te dejará morir, porque Él mismo te va a sacar. Cuando estás en un proceso financiero, por ejemplo, Dios sabe como está tu carro de gasolina. Él enviará a una persona que te dirá: "*¡Te lleno el tanque de gasolina!*". ¿Y por qué gasolina? Porque Dios sabe que en ese momento tu necesidad era la gasolina. Cuando siembras, cosechas; y el hijo de Dios vive por fe, no por vista.

"Mi Dios, pues, suplirá todo lo que os falta conforme a sus riquezas en gloria en Cristo Jesús". **Filipenses 4:19**

---

[7] **Parque Roger Williams** (Roger Williams Park) es un parque natural de 427 acres y distrito histórico nacional situado al sur de Providence, Rhode Island.

> *Cuando Dios te entrega algo, hay en ello paz. Él nunca te dirá que compres carro que tu no vas a poder pagar. Cuando Él te entregue carro, casa o negocio, podrás cubrir todos los gastos.*

"*³¹ No os afanéis, pues, diciendo: ¿Qué comeremos, o qué beberemos, o qué vestiremos? ³² Porque los gentiles buscan todas estas cosas; pero vuestro Padre celestial sabe que tenéis necesidad de todas estas cosas, ³³ Mas buscad primeramente el reino de Dios y su justicia, y todas estas cosas os serán añadidas.*". **Mateo 6:31-33**

Algunos dicen: *"Yo quiero un carro nuevo y casa grande porque otros han comprado"*, pero el tuyo vendrá en el tiempo de Dios, cuando lo puedas pagar y cubrir las demás necesidades.

Por ejemplo, muchos dicen: *"¡Ay! Yo quiero una van igual a esa"*. *"Yo quiero una troca igual a esa"*. Bueno, si la puedes pagar y esta bien, pero si tú tienes que buscar prestado para pagarla, Dios no está ahí. La casa está muy bonita, pero el dinero y el presupuesto que entra mensual no te dan para pagarla. Los carros en el dealer están muy bonitos con el plástico; pero si puedes ahorrarte comprando uno con tres años de uso y lo puedes pagar está bien, entonces Dios está ahí. El día que no puedas ir al salón, arréglate el pelo en tu casa; pero si puedes ir al salón dos veces por semana ¡Ve!, pero que en tus facturas y responsabilidades no estés corto de dinero.

No os conforméis, transformaos

"No os conforméis a este siglo, sino transformaos por medio de la renovación de vuestro entendimiento, para que comprobéis cuál sea la buena voluntad de Dios, agradable y perfecta". **Romanos 12:2**

Tú no compraste este libro y lo estás leyendo para vivir igual que antes, tú invertiste en él para superarte. Si tú vas a tomar vacaciones, que cuando te vayas, que las facturas y la renta estén pagas. El mundo allí afuera es un desorden, se van de vacaciones y cuando regresan, están totalmente endeudados. Toman el dinero de la temporada de reembolso de sus impuestos. A muchos les devuelven diez, a trece mil dolares y los gastan en restaurantes y vacaciones teniendo deudas pendientes, y luego dicen: *"Este dinero es mío y yo hago con él lo que yo quiera".* Está bien, pero después están buscando oración para ser libres de deudas.

Llegamos al evangelio con una vida de desorden para aprender a vivir en orden. ¿No vales tú más que las aves? ¿Por qué estás preocupado? ¿Porque otro tiene y tú no? Pues, así vive el mundo, pero cuando otro tenga, con tu corazón sano, tú dices: "El próximo soy yo".

"Como hijos obedientes, no os conforméis a los deseos que antes teníais estando en vuestra ignorancia". **1 Pedro 1:14**

"Mira las aves del cielo que no siembran, ni ciegan, ni recogen en graneros; y nuestro Padre celestial las alimenta" ¿No vales tú mucho más que ellas?

Muchos se afanan y se preocupan como en una competencia ¡Nadie tiene por qué competir con nadie! ¡Ni endeudarse para estar a la par con nadie! Tú y yo sabemos cómo se vive en el mundo. Las personas tienen un carro BMW ó un Mercedes Benz y viven en un complejo de apartamento pagado por el gobierno, para competir con otros.

"Nada hagáis por contienda o por vanagloria; antes bien con humildad, estimando cada uno a los demás como superiores a él mismo". **Filipenses 2:3**

Si tomas esta esencia de los mensajes que Dios te está trayendo, vas a durar más años de vida ¿Por qué? Porque la mayoría de personas en Estados Unidos se están muriendo a causa del estrés.

"¿Y quién de ustedes podrá por mucho que se afane añadir a su estatura un codo?" **(Mateo 6:27)**

Nadie aunque se ayude podrá cambiar el color de piel o la estatura. A veces perdemos de disfrutar calidad de vida, afanados por cosas que nunca han valido la pena de que te desgastes con ellas y pierdas el sentido de la vida y nunca podrás cambiarlas.

Por más que te afanes, solo Dios podrá traer el cambio de vida en nosotros. Por eso Jesús enfatizaba en el corazón, porque de ahí sale y emana la vida.

Le doy gracias a Dios y a ti. A Dios, porque la paz que tenemos no se compra con dinero: familia, matrimonio sólido, y por haberme permitido llegar a ti a través de este libro con el propósito de motivarte a transformar tu vida para bien.

A ti, por haber adquirido este libro y estar leyéndolo con atención y disposición de atender a mis consejos, productos de mi propia experiencia de vida, ahora lo que aprendiste en este libro déjalo fluir en tu vida.

No te afanes, regocíjate en Cristo, vive en la paz de Dios, buscando agradarlo a él y no a los hombres.

Biografía

El Pastor Geovanny Ramírez nació en República Dominicana. En el 2009, el Apóstol Ricardo Di Rocco, en unos de sus congresos, le entregó un manto apostólico para obrar sanidades y milagros. Luego, en el 2010, Dios lo seleccionó en el congreso del Apóstol Ricardo Di Rocco y lo llamó a ser Pastor. Prontamente, en enero del 2011, Geovanny y Sondy Ramírez, bajo la cobertura del Apóstol Ricardo Di Rocco, abrieron su primera iglesia, "Puerta De Paz", en Providence, Rhode Island, que más tarde el nombre fue cambiado a Centro Mundial de Liberación y Avivamiento.

El Pastor Geovanny Ramírez está casado con la Pastora Sondy, quienes juntos pastorean el Centro Mundial de Liberación y Avivamiento. Juntos son los fundadores de dicha iglesia en la ciudad de Providence, en Rhode Island, USA. Los Pastores Ramírez se dedican a ministrar a todos los que necesitan ayuda. Son usados fuertemente por Dios en la sanidad interior, liberación, guerra espiritual y la profecía. Las manifestaciones visibles del poder sobrenatural de Dios en sus reuniones distinguen a este ministerio. Aparte de los cultos principales de la iglesia, conducen un programa de oración llamado "Él espera por Ti", transmitido por Facebook y YouTube: Pastores Geovanny y Sondy Ramírez, en donde se ora por las personas y son milagrosamente sanadas, libertadas y curadas por el poder del Espíritu Santo de Dios bajo el nombre poderoso de Jesús.

Dios ha ministrado a tu vida en este hermoso libro, y queremos seguir en contacto contigo para orar por tu vida.

Pastores Geovanny y Sondy Ramírez
Centro Mundial De Liberación y Avivamiento
6 Portland St, Providence, RI 02907

Teléfono:	(401) 273-0908
Webpage:	**www.liberacionari.org**
Email:	LiberacionyAvivamiento@gmail.com
Instagram:	Pastor GEOVANNY RAMÍREZ OFICIAL
YouTube y Facebook:	Pastores Geovanny Y Sondy Ramírez

NOTAS:

NOTAS:

La impresión de este libro se realizó en los talleres de Holy Spirit Publishing (**www.holyspiritpub.net**) en USA, el 1ro. de Mayo del 2019, solamente para la honra y gloria del **Señor Jesucristo.**